高职高专汽车专业系列教材

# 汽车维护与保养一体化教程

## 第 2 版

主　编　姜龙青　崔庆瑞　孙华成
副主编　田国豪　李　芮　李新运
　　　　戴艳艳　刘禹彤

机械工业出版社

本书是中职汽车运用与维修专业、高职高专汽车检测与维修专业理实一体化教学用书，主要包括汽车维护作业准备工作、汽车定期维护作业流程和汽车维护作业中的其他重要操作项目三部分内容。

第一单元包括"作业任务1"~"作业任务5"，主要内容是学生从事汽车维护作业的基本素质要求及安全防护等知识，常用工具、设备的使用，汽车维护作业操作流程等。

第二单元包括"作业任务6"~"作业任务27"，主要内容是上汽通用别克威朗轿车10000km定期维护的作业流程，包括5个工作位置，全面完成汽车各部位的维护保养操作。

第三单元包括"作业任务28"~"作业任务45"，主要内容是汽车10000km定期维护作业流程之外的其他重要操作项目，这些项目在汽车日常的维护与保养作业中经常使用，对学生全面掌握汽车维护操作工艺是非常重要的。

本书的结构特点是突出学生动手能力培养，在实训中贯穿相关的理论知识和专业技能相结合的原则，采用项目教学法、任务驱动法、启发式和师生互动式教学模式，最终完成汽车维护与保养典型工作任务。

本书配备教学课件、操作视频、实习工单、习题答案，选用本书作为教材的教师可在机械工业出版社教育服务网（www.cmpedu.com）注册后免费下载，或添加客服人员微信获取（微信号码：13070116286）。

## 图书在版编目（CIP）数据

汽车维护与保养一体化教程／姜龙青，崔庆瑞，孙华成主编.
—2版.—北京：机械工业出版社，2019.8（2024.1重印）
高职高专汽车专业系列教材
ISBN 978-7-111-63100-2

Ⅰ.①汽⋯ Ⅱ.①姜⋯ ②崔⋯ ③孙⋯ Ⅲ.①汽车-车辆修理-高等职业教育-教材 ②汽车-车辆保养-高等职业教育-教材 Ⅳ.①U472

中国版本图书馆CIP数据核字（2019）第128908号

机械工业出版社（北京市百万庄大街22号 邮政编码100037）
策划编辑：齐福江　　　　责任编辑：齐福江
责任校对：王　欣　　　　封面设计：陈　沛
责任印制：刘　媛
涿州市京南印刷厂印刷
2024年1月第2版第11次印刷
184mm×260mm·12.75印张·333千字
标准书号：ISBN 978-7-111-63100-2
定价：39.00元

电话服务　　　　　　　　　　网络服务
客服电话：010-88361066　　　机　工　官　网：www.cmpbook.com
　　　　　010-88379833　　　机　工　官　博：weibo.com/cmp1952
　　　　　010-68326294　　　金　书　网：www.golden-book.com
封底无防伪标均为盗版　　　　机工教育服务网：www.cmpedu.com

随着我国汽车保有量的增加,对汽车维修等汽车后市场的发展提出了更高的要求,各地职业院校在探索培养合格"复合型"人才方面有了很大进展,教学中力求做到理论与实践的有机结合。深化教学改革,探讨以培养学生动手能力为主的模块式教学,教材改革也在不断深入,以教学工作页方式的教材深受各地院校师生的欢迎和认可。本书是机械工业出版社高职高专汽车专业系列教材。

本书是为指导职业院校汽车相关专业的学生在校期间"汽车维护与保养"实训操作而编写的,其特点具体体现在以下几个方面:

1)以全国汽车维修技能大赛汽车维护与保养实训操作项目为纲,全面讲解汽车各部位维护与保养操作规范。

2)实训中不但重视学生技能操作培养,同时又补充与该内容相关的理论知识,让学生深入思考,不但会干,还要知道为什么这样干,在操作过程中轻松地提高理论水平。

3)重视安全作业和工具及设备的使用规范,力求使学生养成良好的行为习惯。

4)每课题紧跟学生随堂练习,及时检验学生知识的掌握情况,使教师做到有的放矢。

5)全面训练汽车维修企业车辆日常维护保养的项目内容,做到项目内容能够与特约维修站汽车保养项目接轨,能够迅速提升学生到岗后的适应能力。

6)适应了中职教学车型的变化。自2017年起,全国职业院校中职汽车运用与维修专业机电维修项目定期维护项目比赛车型为上汽通用别克威朗15S自动进取型轿车,在定期维护作业操作方面,按照比赛流程组织教学,作业表和训练内容力求做到与国赛内容一致。

7)在定期维护作业常用操作项目中,去掉了气门间隙调整等项目,增加了发动机密封性能检查等项目,训练内容更加贴近实际维修作业场景。

本书主要适用于职业院校和技工学校汽车检测与维修专业的学生,作为维护与保养作业实训教材;也可作为汽车维修人员的培训教材,并可供汽车维修人员参考借鉴。

本书由姜龙青、崔庆瑞、孙华成任主编,田国豪、李茜、李新运、戴艳艳、刘禹彤任副主编,参编人员有姚美红、秦志刚、顾小冬、刘飞、何时清、艾娜、魏加恩、孙涛、任鸿志和袁永文。

由于编者水平有限,书中难免存在疏漏之处,敬请广大读者提出宝贵意见和建议,以便本书修订时予以改正。

编　者

# 目录 Contents

前言

## 第一单元　汽车维护作业准备工作　01

作业任务 1：学生着装、课堂组织及安全事项 // 002
作业任务 2：作业场地基本要求 // 006
作业任务 3：常用工具及设备使用 // 010
作业任务 4：举升机安全操作 // 016
作业任务 5：汽车定期维护作业项目流程 // 020

## 第二单元　汽车定期维护作业流程　02

作业任务 6：车辆防护、发动机舱检查 // 025
作业任务 7：车辆灯光检查 // 031
作业任务 8：蓄电池静态电压、传动带、冷却系统软管检查 // 036
作业任务 9：安全带、变速杆及档位指示灯检查 // 040
作业任务 10：座椅、车门检查 // 044
作业任务 11：油箱盖、后车灯、行李舱检查 // 048
作业任务 12：备用轮胎检查 // 052
作业任务 13：空调制冷剂纯度、空调通风、冷却风扇检查 // 056
作业任务 14：发动机、变速器、散热器泄漏检查 // 061
作业任务 15：机油排放、滤清器更换 // 064
作业任务 16：制动管路、燃油管路检查 // 068
作业任务 17：排气管路检查 // 071
作业任务 18：驱动轴护套、转向连接机构检查 // 074
作业任务 19：前、后悬架检查 // 077
作业任务 20：机油加注、滤清器更换（保养）// 081
作业任务 21：制动器性能检查 // 085
作业任务 22：洗涤器、刮水器和后窗除霜检查 // 090

作业任务 23：喇叭、转向盘检查 // 094

作业任务 24：轮毂、制动器及泄漏检查 // 097

作业任务 25：空调综合性能测试 // 100

作业任务 26：车辆尾气排放测试 // 105

作业任务 27：最终液面检查及车辆维护作业后的"恢复、清洁、整理" // 110

## 第三单元
### 汽车维护与保养作业中的其他重要操作项目

**03**

作业任务 28：车辆道路检查训练 // 115

作业任务 29：新车走合保养 // 119

作业任务 30：发动机正时检查及正时带（链）更换 // 122

作业任务 31：冷却液更换及冷却系统重要部件检查 // 126

作业任务 32：燃油滤清器更换与供油压力检测 // 130

作业任务 33：供油系统及节气门体清洗 // 133

作业任务 34：汽油机点火系统检测 // 137

作业任务 35：蓄电池使用状况检查 // 141

作业任务 36：冷却液、空调、自动传动桥液位检查 // 145

作业任务 37：发动机密封性检测 // 149

作业任务 38：离合器检查与调整 // 154

作业任务 39：变速器油液检查与更换 // 157

作业任务 40：液压助力转向系统检测 // 160

作业任务 41：制动液更换 // 163

作业任务 42：盘式制动器检查 // 167

作业任务 43：鼓式制动器检查 // 171

作业任务 44：制动器迟滞检查 // 175

作业任务 45：车轮轮胎换位及平衡 // 178

## 附录 // 182

附录 A　汽车定期维护与保养操作规范说明 // 182

附录 B　2018 年全国职业院校中职大赛机电维修项目 // 183

附录 C　2018 年定期维护作业记录单 // 187

附录 D　常见车型定期维护与保养作业周期表 // 190

## 参考文献 // 195

# 第一单元
# 汽车维护作业准备工作

## 内容简介

本单元包括"作业任务1"~"作业任务5",主要内容为学生从事汽车维护作业的基本素质要求及安全防护等知识;常用工具、设备的使用;汽车维护作业操作流程等。

## 主要实训器材、设备

成套常用工具、专用工具、量具,一汽丰田卡罗拉1.6AT（GL）汽车一辆,上汽通用别克威朗15S自动进取型轿车一辆,剪式举升机一台,翼子板布及前格栅布一套,室内一次性防护用品一套。

## 实训教学目的

1. 掌握实训过程中学生着装、站姿、坐姿的基本要求,车间安全生产及防护知识,为学生顶岗实习打好基础。
2. 掌握汽车维护作业中常用工具、量具、设备的使用及维护知识。
3. 掌握举升机的安全操作工艺。
4. 了解汽车定期维护的作业流程,为定期维护作业操作打下基础。

## 教学组织

**1. 教师职责**

1) 讲解、示范作业流程、操作步骤、技术规范和安全注意事项。
2) 在实训过程中,检查、指导和纠正学生实训中的不规范操作。
3) 讲解与实训项目相关的知识,不但让学生掌握操作规范,还要让他们知道为什么这样操作,做到知识的融会贯通。

**2. 学生安排**

1) 学生分组训练,每组4人,一名学生操作,另一名学生进行操作前的准备工作,其他两名学生检查评分。
2) 操作完成后,相互交换角色,另一名学生完成实训操作项目。

# 作业任务1

## 学生着装、课堂组织及安全事项

【项目目标】

1. 掌握实习生着装的基本要求。
2. 掌握实习生课堂站姿训练标准。
3. 掌握实习生课堂坐姿训练标准。
4. 掌握实习场地必要的安全检查项目。

【训练前准备】

1. 场地卫生清扫。
2. 指导老师确认场地安全状况。
3. 学生入场清点人数,并向指导老师汇报出勤情况,到位后准备上课。

【一体化课堂进程】

### 一、教师示范讲解

**1. 学生实训着装要求**

学生实训时的着装主要从安全和保护车辆等方面考虑,同时也可以树立良好的职业形象,如图1-1所示。

1) 穿着适当、干净的制服,一直穿防护鞋。
2) 发型利落、戴干净的工作帽。
3) 不戴手表、戒指,不扎带扣的皮带。
4) 不戴钥匙扣,口袋里要有洁净的抹布。

✓ **大家互动**:同学之间相互观察,都做到了吗?

**2. 学生课堂行为标准**

(1) 课堂组织

要按照汽车维修企业作业标准组织教学,教学流程应模仿企业工作环境,包括场地安全检查、任务布置、设备安全检查及规范使用,完成作业后的质量检验等。

图1-1 学生实训时着装要求

(2) 站姿训练

腰板挺直,两手放在腰后,右手握住左手手腕,两脚之间保持20~30cm的距离,目视前方,精神饱满,如图1-2所示。

(3) 坐姿训练

腰板挺直,两手放在腿上,目视前方,精神饱满,如图1-3所示。

图1-2 实习生站姿训练　　　　图1-3 实习生坐姿训练

✓ **提醒：**同学们，今后上课要保持这样，规范的行为会为你开启美好的未来，一定要坚持！

**3. 操作场地安全检查**

上课前，首先由实习指导教师进行操作场地安全检查，并时刻提醒学生注意安全！

1）检查车间内部电气开关，确保用电安全，如图1-4所示。
2）检查地面是否有油污和其他异物，并保持地面长期清洁。
3）要提醒学生做到：
① 车间内不能见明火，特别是在蓄电池充电过程中，如图1-5所示。

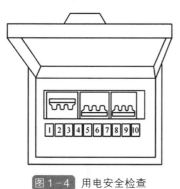

图1-4 用电安全检查　　　　图1-5 充电过程中注意防火

② 进行产生碎片的作业前，应戴护目镜，如图1-6所示。
③ 操作旋转工具不能戴手套，如图1-7所示。

图1-6 操作砂轮机、钻床类护目措施　　　　图1-7 钻床操作时不能戴手套

④ 使用举升机一定要注意安全，如图1-8所示。

✔ **提醒**：同学们，安全很重要，要时刻记心上！

## 二、学生训练

**1. 着装训练**

训练时间：10min。

训练过程：要求同学们对照着装标准，进行自查、互查。

图1-8 举升车辆作业时一定要检查车辆的举起稳定性

**2. 站姿训练**

训练时间：10min。

训练过程：要求同学们对照站姿标准，进行自查、互查。

**3. 坐姿训练**

训练时间：10min。

训练过程：要求同学们对照坐姿标准，进行自查、互查。

**4. 操作项目安全检查**

训练时间：10min。

训练过程：就本校实习车间（实训室），注意观察供电、供气、通风等设施，结合安全操作规程，进行必要的安全检查。

✔ **大家思考**：同学们，操作场地安全项目很多，还有哪些没有提到？

## 三、随堂练

【判断题】

1）上课按标准站、坐太累，同学们知道就行了，到工作岗位后，会自然保持良好形象的。（　）

2）汽车维修操作时，维修技师为了掌握时间，可戴手表作业。（　）

3）为方便行走，维修技师可穿着运动鞋进行汽车维护作业。（　）

4）长发女生，操作场地内必须将头发盘好，完全用工作帽压住。（　）

5）操作钻床时，一定不能戴手套作业。（　）

6）在车下检查排气装置时，若车辆停运时间超过5min，可不戴手套操作。（　）

7）蓄电池充电设备可与砂轮机安装在相近的工位。（　）

8）必须在指定区域内报废汽油或机油。（　）

## 四、训练结束后场地整理及授课总结（包含5S项目）

5S 指作业过程中的整理（Seiri）、整顿（Seiton）、清扫（Seiso）、清洁（Seiketsu）、自律（Shitsuke）过程，是保持车间环境，实现轻松、快捷和可靠（安全）工作的关键。

1）实习设备断电、清理，工具清理归位。

2）场地清理。

3）实习指导教师总结实训课题，布置课后作业。

## 五、实习报告

| 姓　名 | | 班　级 | | 实习日期 | |
|---|---|---|---|---|---|
| 训练项目题目 | | | | | |

主要实训内容记录：

1. 实习生着装基本要求：

2. 实习生站姿、坐姿标准：

3. 实习场地安全注意事项：

| | |
|---|---|
| 实训中疑难点的记录（等待老师解决） | |
| 教师评语 | |

# 作业任务 2
## 作业场地基本要求

【项目目标】

1. 掌握维护与保养场地基本配置。
2. 掌握维护与保养场地安全防护措施。
3. 掌握防火安全知识。
4. 掌握防触电安全知识。

【训练前准备】

1. 场地卫生清扫。
2. 指导老师确认场地安全状况。
3. 学生入场清点人数，并向指导老师汇报出勤情况，到位后准备上课。

【一体化课堂进程】

一、教师示范讲解

**1. 维护与保养作业场地的要求**

1）操作场地要有足够的空间高度，以便车辆在举升机上提升，一般高度不低于7m，同时有一定的使用面积，如图2-1、图2-2所示。

图2-1　车间有足够的高度空间　　　图2-2　车间有一定的使用面积

2）操作车间的照明亮度要符合要求，要达到500lx以上，并配备必要的照明设备，以便在光线不足的情况下，仍能够确保正常作业，如图2-3所示。

3）场地要安装必要的车辆维护作业提升设备，如图2-4、图2-5所示。

4）场地内要配备必要的通风设备，确保将车辆发动机运行时产生的废气抽出，如图2-6所示。

5）为了确保汽车维护与保养作业顺利进行，作业区域内要配备恒压气源，如图2-7所示。

图2-3 操作场地要有必要的照明设施

图2-4 作业场地上配备的双柱式举升机

图2-5 作业场地上配备的剪式举升机

图2-6 作业场地的尾气抽排设施

图2-7 恒压气源的配备

6）为确保作业安全，一定要配备必要的消防设施，并定期检验设备的性能，如图2-8所示。

7）必要的安全操作规程和管理制度必须上墙，做到规章制度健全，安全责任落实到位，如图2-9所示。

图2-8 消防设施的配备

图2-9 规章制度宣传到位

## 2. 防火安全训练

1) 定期组织学生进行消防知识培训和火灾逃生训练，增强全体学生的消防安全意识。
2) 会使用消防器材，遇到火灾时沉着应对，正确操作，如图 2-10 所示。
3) 在操作场地的显著位置，要张贴防火和禁烟标志，如图 2-11 所示。

图 2-10 消防器材的使用操作

图 2-11 消防禁烟标志

4) 不能将废弃的汽油、有机清洗液、机油等直接倒入污水排放系统，因为这样会导致污水排放系统有发生火灾的危险，不但会造成环境污染，而且也是一种浪费，如图 2-12 所示。
5) 有燃油泄漏的车辆在没有维修好之前，不要起动发动机，以免燃油泄漏引起火灾。
6) 若发生火灾，及时拨打"119"，正确使用灭火器材控制火势，并第一时间组织学生撤离，确保生命财产的安全。

## 3. 防触电安全训练

1) 熟悉场地供电控制，供电控制柜周围应保持清洁。
2) 若发现电气设备有异常，应该立即关掉控制开关；若电路中发生短路或意外，也应立刻关掉电源总开关，并向上级领导汇报，以便及时维修。

图 2-12 废液不能够直接倒入污水排放系统

3) 供电开关应选用过电流保护和接地保护方式，确保操作者的安全。
4) 为防止电击，不要用湿手接触电气设备。
5) 不要让电缆通过潮湿或有油的地方、炽热的表面或尖角附近。
6) 拔下插头时，不要拉电线，而应当拔插头本身，如图 2-13 所示。
7) 千万不要触摸"发生故障"的开关。
8) 在开关、配电设施附近，不要存放、使用易燃物，严防因电气设施工作产生电火花，引发火灾。

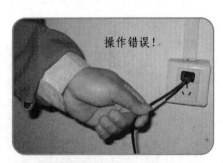

图 2-13 电气插头的拔下

## 二、学生训练

### 1. 作业场地的基本要求

训练时间：20min。

训练过程：对照维护与保养作业的场地标准，检验作业场地是否符合作业及安全要求。

**2. 防火安全训练**

训练时间：20min。

训练过程：观察作业场地消防设施是否安全到位，模拟如何操作消防设施。

**3. 防触电安全训练**

训练时间：20min。

训练过程：观察作业场地用电设施是否安全到位，模拟如何正确使用用电设备。

### 三、随堂练

【判断题】

1）维护与保养场地必须有一定的高度，以便车辆作业时提升。（　　）
2）废弃的冷却液不是油液，不具备可燃性，可以直接倒入污水排放系统。（　　）
3）发生火灾时，首先组织简单的灭火，但组织学生及时撤离也是非常必要的。（　　）
4）为防止电击，不要用湿手接触电气设备。（　　）
5）在开关、配电设施附近，不要存放、使用易燃物，严防因电气设施工作产生电火花，引发火灾。（　　）

### 四、训练结束后场地整理及授课总结

1）作业场地设备、设施的防火、用电安全知识。
2）场地清理。
3）实习指导教师总结实训课题，布置课后作业。

### 五、实习报告

| 姓　名 | | 班　级 | | 实习日期 | |
|---|---|---|---|---|---|
| 训练项目题目 | | | | | |

主要实训内容记录：

1. 维护与保养场地的基本要求：

2. 基本的消防训练：

3. 安全用电常识：

| 实训中疑难点的记录（等待老师解决） | |
|---|---|
| 教师评语 | |

## 作业任务 3

# 常用工具及设备使用

## 【项目目标】

1. 掌握汽车维护与保养操作常用扳手类工具的使用方法。
2. 掌握汽车维护与保养操作常用量具、仪表类工具的使用方法。
3. 掌握汽车维护与保养操作常用专用工具的使用方法。

## 【训练前准备】

1. 常规准备工作（卫生清扫、场地安全认定、人数清点等）。
2. 常用工具准备（扳手类、量具类、测量仪表类）。
3. 汽车维护专用工具准备（滤清器拆卸工具、风动工具、废油收集器等）。

### 一、教师示范讲解

**1. 常用扳手类工具**

扳手类工具主要有呆扳手、梅花扳手、套筒扳手和活扳手等，是汽车维护与保养实训中最常用的工具之一。

1）呆扳手：如图 3-1 所示。

✓ **知识点**：扳手的型号就是相对应螺栓或螺母头部六面体对边的距离，如 14#扳手，指所对应的螺栓或螺母头部六面体对边距离为 14mm，如图 3-2 所示。梅花扳手、套筒扳手的型号含意与呆扳手相同。

图 3-1 呆扳手

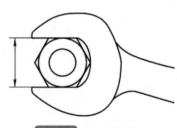

图 3-2 扳手型号含义

2）梅花扳手：如图 3-3 所示。
3）套筒扳手：如图 3-4 所示。

**学生活动**：打开 150 件套筒扳手，找出下列各工具相应的位置。

英制型号套筒在哪个位置？＿＿＿＿＿＿。
公制型号套筒在哪个位置？＿＿＿＿＿＿。

第一单元　汽车维护作业准备工作

图 3-3　梅花扳手

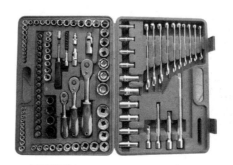

图 3-4　套筒扳手总成（150 件装）

黑色套筒用途是什么？_____。

如何检查棘轮快速手柄性能的检查？_____。

4）活扳手：也称为可调式扳手，如图 3-5 所示。

使用中注意不要将活扳手反用，如图 3-6 所示。

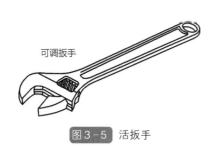

图 3-5　活扳手

图 3-6　活扳手使用注意事项

✓ 知识点：用呆扳手拧紧螺母时，螺母有两个受力面；用梅花扳手或套筒扳手拧紧螺母时，螺母有六个受力面；活扳手虽然能拧紧不同型号的螺母，但扳手力臂长度不能调节，因此，扳手选择的原则为：首选_____和梅花扳手，其次选_____，最差选_____。

**2. 量具、仪表类工具**

（1）千分尺

千分尺精度为 0.01mm，规格有 0～25mm、25～50mm、50～75mm 等多种，每间隔 25mm 为一段测量范围，如图 3-7 所示。

使用方法：

1）检查千分尺的系统误差。

2）松开活动套筒锁紧装置，用手转动微调机构，检查螺杆和螺纹转动是否灵活。

3）锁紧活动套筒，检查棘轮机构的性能。

（2）磁力表座和百分表

1）磁力表座：如图 3-8 所示，通过转动磁力调节开关旋钮，检查磁力表座的性能。

2）百分表：如图 3-9 所示，通过用手上下推动表针，检验百分表转动是否灵活。

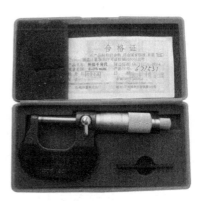

图 3-7　千分尺

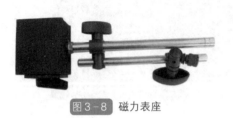

图 3-8　磁力表座

图 3-9　百分表

（3）轮胎气压表

轮胎气压表用来检验和调整轮胎气压，如图 3-10 所示。

**注意**：使用轮胎气压表之前，一定要将轮胎气压表接到高压气体管路上，校验轮胎气压表的误差。

（4）多功能液体检测仪

如图 3-11 所示，该检测仪为冷却液冰点、玻璃清洗液冰点、电解液密度三合一综合测试类型。

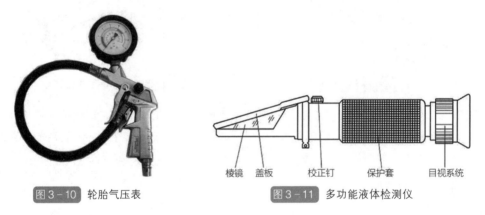

图 3-10　轮胎气压表　　　图 3-11　多功能液体检测仪

使用方法：

1）掀开盖板用柔软绒布将盖板及棱镜表面擦拭干净。

2）校准：将蒸馏水用吸管滴于棱镜表面，合上盖板轻轻按压，调节校正螺钉，使明暗分界线与基准线重合。

3）用吸管将待测液体（冷却液、玻璃清洗液、电解液）滴于棱镜表面，合上盖板轻压，将检测仪对向明亮处，旋转目镜使刻线清晰，读出明暗分界线在分划板上相应标尺上的数值即可，如图 3-12 所示。

4）测试完毕，用蒸馏水清洗吸管和棱镜表面，然后用软绒布将盖板和棱镜表面擦拭干净，清洗吸管，将检测仪收藏于包装盒内。

（5）轮胎沟槽深度尺

轮胎沟槽深度尺用来测量轮胎沟槽深度，如图 3-13 所示。

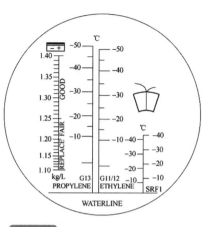

图 3-12 多功能液体检测仪数值读取

图 3-13 轮胎沟槽深度尺

使用方法：

1) 校验轮胎沟槽深度尺误差，如图 3-14 所示。
2) 实测轮胎沟槽深度时，注意测量位置避开轮胎沟槽深度警戒位置。

**3. 常用专用工具**

（1）机油滤清器组合扳手

成套机油滤清器组合扳手，如图 3-15 所示。

（2）轮胎螺母拆装气动扳手（风炮）

气动扳手，如图 3-16 所示。

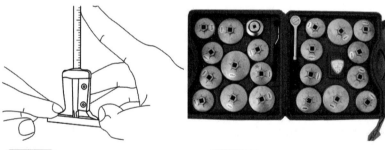

图 3-14 轮胎沟槽深度尺误差校验　　图 3-15 机油滤清器组合扳手　　

图 3-16 轮胎螺母拆装气动扳手

使用方法：

1) 连接高压气体快速接头，检查气动扳手旋转方向。
2) 根据实际需求，调节气动扳手旋转力矩大小。

✓ 知识点：

1) 操作气动扳手时，不能戴手套作业。
2) 气动扳手不能作为零件装配时紧固螺钉的专用工具。为什么？_____。

（3）废油收集器

带真空吸管式的废油收集器，如图 3-17 所示。

使用方法：

1）用废油收集器从车下收集废机油，如图 3-18 所示。

2）通过接入高压气体产生真空，不用将车辆提升，直接吸出需更换的油液，如图 3-19 所示。

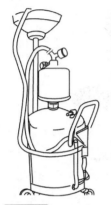
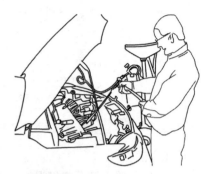

图 3-17　废油收集器　　　图 3-18　车下收集废机油　　　图 3-19　用吸出法收集更换油液

## 二、学生训练

**1. 扳手类工具**

训练时间：10min。

训练过程：呆扳手、梅花扳手、套筒扳手、活扳手选用原则及使用操作。

**2. 量具、仪表类工具**

训练时间：20min。

训练过程：千分尺的使用，用百分表和磁力表座测量制动盘的摆动量，用轮胎气压表调整轮胎气压，多功能液体检测仪的使用，轮胎花纹深度的检测。

**3. 专用工具**

训练时间：20min。

训练过程：认识成套机油滤清器更换专用扳手，用两种方法收集机油，气动扳手旋向检查和旋紧力大小的调节。

**注意**：实训过程中，同学们一定要注意安全、规范。

## 三、随堂练

【判断题】

1）公制扳手型号是指所拆卸螺母或螺栓头部六面体对边的距离。　　　　　　　　（　　）

2）梅花扳手和套筒扳手在拆装过程中优先选用。　　　　　　　　　　　　　　　（　　）

3）棘轮扳手一般不作为安装螺母时的最终紧固用工具，最终紧固要选用滑杆来完成。

（　　）

4）百分表长指针转动一圈，短指针移动 2mm 的工作行程。　　　　　　　　　　（　　）

5）操作气动扳手时，一定不能戴手套。　　　　　　　　　　　　　　　　　　　（　　）

【选择题】

1）是否可以用数字式扭力扳手拆卸螺栓或螺母？_____
    A. 完全可以　　　B. 不能使用　　　C. 没有明确规定

2）千分尺的精度等级为_____。
    A. 0.01mm　　　B. 0.02mm　　　C. 0.05mm

3）百分表的精度等级为_____。
    A. 0.01mm　　　B. 0.02mm　　　C. 0.05mm

4）用多功能液体检测仪检测电解液密度时，是否需要进行检测仪校准？_____
    A. 必须校准　　　B. 没有必要校准　　　C. 没有明确规定

5）使用轮胎沟槽深度尺检测轮胎沟槽深度时，是否需要校准？_____
    A. 必须校准　　　B. 没有必要校准　　　C. 没有明确规定

## 四、训练结束后场地整理及授课总结（包含5S项目）

1）常用工具、专用工具的清理及归位。
2）设备清理及场地清理。
3）指导老师总结实训课题，布置课后实习报告。

## 五、实习报告

| 姓　　名 | | 班　级 | | 实习日期 | |
|---|---|---|---|---|---|
| 训练项目题目 | | | | | |

主要实训内容记录：

1. 常用扳手类工具使用方法：

2. 量具、仪表类工具使用方法：

3. 专用工具使用方法：

| 实训中疑难点的记录（等待老师解决） | |
|---|---|
| 教师评语 | |

## 作业任务 4　举升机安全操作

【项目目标】

1. 掌握举升机的分类。
2. 掌握举升机安全操作规程。

【训练前准备】

1. 常规准备工作（卫生清扫、场地安全认定、人数清点等）。
2. 准备常用举升机的技术资料（四柱式、两柱式、剪式等）。
3. 举升机操作安全规程。

### 一、教师示范讲解

**1. 举升机分类**

举升机是汽车维护与保养作业中必不可少的车辆提升设备，常用举升机有四柱式举升机、两柱式举升机、剪式举升机等几类。

1）四柱式举升机，如图 4-1 所示。
2）两柱式举升机，如图 4-2 所示。
3）剪式举升机，如图 4-3 所示。

图 4-1　四柱式举升机　　图 4-2　两柱式举升机　　图 4-3　剪式举升机

✓ 知识点：每种车型在设计上都考虑了车辆维护与保养时的顶起位置，举升机在此位置将车辆支撑起来，能够保证车辆的重心与举升机支撑臂的重心相近或重合，如图 4-4 所示，即使进行拆装作业，使车辆的重心发生偏移，也不会影响车辆在举升机上的稳定性。请同学们找出每种车型的支撑点位置。

**2. 举升机的安全操作工艺**

举升机顶起车辆时，一般由两位维修技师配合完成，操作过程中应将"安全"放在第一位。现以剪式举升机为例来演示操作过程。

1) 将车辆置于举升机工作位置处，并安装车轮挡块，如图4-5所示。

2) 检查车辆前后、左右位置，是否处于举升机适当的顶起位置，若位置不当，应前后或左右调整车辆位置。

3) 在剪式举升机操作平板上安装垫块，垫块尽量置于规定的顶起位置处，打开举升机操作平台上的电源开关，向上少许提升举升机，当垫块接近于支撑部位但还没有接触时，认真检查顶起位置，确保垫块位置到位，如图4-6所示。

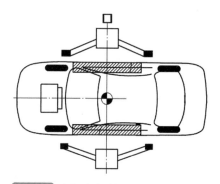

图4-4　车辆在举升机上顶起位置的选择

✓ **注意**：两人互相配合，相互提示，动作协调一致，确认绝对安全后，举升机操作人员才能举升车辆。

4) 当车辆四轮离开地面约20～30mm时，应暂停举升，检查车辆稳定性，如图4-7所示。

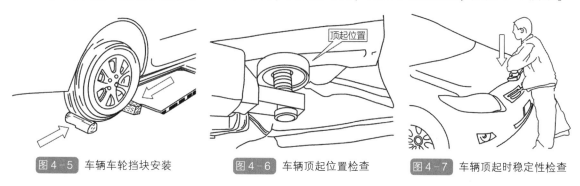

图4-5　车辆车轮挡块安装　　图4-6　车辆顶起位置检查　　图4-7　车辆顶起时稳定性检查

5) 确认车辆稳定后，将车辆提升到维护作业需要的高度，维护作业之前一定要锁止举升机，并进行必要的车下地面卫生清理，如图4-8所示。

6) 维护作业完毕后，若要下降车辆，首先解除举升机锁止。

7) 车辆下降到低位后，若有如轮胎螺母紧固等作业项目，一定要注意车辆下降位置，使车轮与地面接触，同时车辆又不脱离与举升机垫块接触（举升机、车辆、地面处于半联动状态），如图4-9所示。

图4-8　作业前地面卫生清理

图4-9　紧固轮胎螺母时车辆举升位置

✓ **思考**：为什么要保持车辆与地面、举升机之间的半联动状态？

8) 若需将车辆举起，直接提升车辆到规定位置，然后将举升机锁止，即可进行维护作业。

✓ **思考**：为什么此时不再进行车辆顶起位置安全检查？

9) 维护作业操作完毕后，将车辆直接落到地面位置，使举升机与车辆脱离接触，移出垫块。

10) 关闭举升机电源，清理卫生，操作完毕，如图4-10所示。

图4-10 车辆举升操作完毕后卫生清理

## 二、学生训练

**1. 举升机类型**

训练时间：10min。

训练过程：引领学生参观汽车特约维修站车间，介绍各种类型的车辆举升设备。

**2. 举升机安全操作规范**

训练时间：20min。

训练过程：两人一组，共同完成车辆举升操作项目，操作过程中注意两人之间的协调、配合，把"安全"放在第一位，轮流作业。

## 三、随堂练

【判断题】

1) 举升机举起车辆时，首先了解被举升车辆的质量，以此判断是否超出了举升机的安全负荷标准。（　　）

2) 车辆举升时，人可以坐到车内，随同车辆一起举升。（　　）

3) 车辆被举升到规定位置，进行维护作业时，必须将举升机锁止。（　　）

4) 车辆在举升或下降过程中，为了提高作业效率，可进行车下部分维护操作。（　　）

5) 举升机必须由专人负责，定期检查和维护。（　　）

6) 车辆与举升机之间必须施加橡胶垫块，确保彼此之间有最大的摩擦系数。（　　）

## 四、训练结束后场地整理及授课总结（包含5S项目）

1) 车轮挡块、垫块等辅助用品的清理及归位。

2) 举升设备清洁、归位，操作场地清理及安全检查。

3）指导老师总结实训课题，布置课后实习报告。

## 五、实习报告

| 姓　名 | | 班　级 | | 实习日期 | |
|---|---|---|---|---|---|
| 训练项目题目 | | | | | |

主要实训内容记录：

1. 参观汽车特约维修站常用举升机：

2. 两人协作完成举升机安全操作：

| 实训中疑难点的记录（等待老师解决） | |
|---|---|
| 教师评语 | |

# 作业任务 5

# 汽车定期维护作业项目流程

## 【项目目标】

1. 掌握汽车定期维护作业车辆的顶起位置。
2. 了解车辆各顶起位置主要的操作项目内容。

## 【训练前准备】

1. 常规准备工作（卫生清扫、场地安全认定、人数清点等）。
2. 汽车定期维护常用工具、设备的清理及检查。
3. 举升机安全状况认证、清洁。
4. 上汽通用别克威朗2017款15S进取型轿车。

### 一、教师示范讲解

**1. 车辆定期维护与保养主要检查项目**

1) 工作状况检查：车灯、发动机、刮水器、转向机构等。
2) 目视检查：车辆外观、轮胎（含备胎）等。
3) 定期更换零件：机油、机油滤清器、空气滤清器等。
4) 连接状况检查及紧固：悬架、排气管等。
5) 液位检查：机油、动力转向油、冷却液、制动液、自动变速器油（或手动变速器油）等。

**2. 车辆维护与保养操作工艺安排原则**

1) 将尽可能多次的工作，集中在同一地点，并一次完成。
2) 工具、仪表和更换部件应该提前准备好，并置于易于拿取的位置。
3) 改善工作姿态，站式姿态是操作的基础，尽可能减少蹲式或弯腰。
4) 限制空闲时间，把事情组合起来做，比如油的排放和发动机的加热。
5) 减少举升次数，能在相同位置做的所有工作，尽可能在相同的时间内完成。

**3. 工作位置及主要作业任务**

(1) 工位一（举升机未升起）

本工位主要是发动机舱常规性检查，驾驶室仪表指示情况、灯光情况检查等项目，从车辆室内、室外作业防护开始，包含空调制冷剂纯度的鉴定，如图5-1所示。

✔ **主要操作项目：**

车辆作业防护，检查发动机冷却、润滑、制动液液位；检查发动机传动带、冷却系统软管；检查蓄电池静态电压、仪表板相关指示灯和警告灯；检查安全带，检查变速杆及档位指示灯；检查空调制冷剂纯度、空调通风、冷却风扇。

(2) 工位二（举升机升至高位）

主要检查车辆底部使用情况，包含油液泄漏检查、紧固悬架重要螺栓、机油排放和滤清器安装等作业内容，如图 5-2 所示。

✓ **主要操作项目：**

检查发动机、变速器有无漏油，排放机油；检查散热器、冷凝器有无泄漏等；检查发动机排气系统、燃油系统、制动系统；紧固前悬架与车身连接螺栓、前悬架加长件与车身连接螺栓；更换机油滤清器等。

(3) 工位三（举升机降至低位、车轮刚触及地面位置）

本工位主要检查车辆的制动性能，检查转向柱性能，同时更换空气滤清器和加注新机油，如图 5-3 所示。

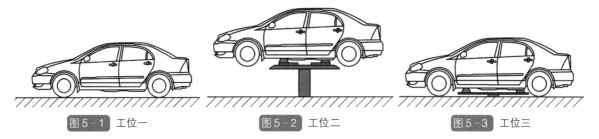

图 5-1 工位一　　　图 5-2 工位二　　　图 5-3 工位三

✓ **主要操作项目：**

加注新的机油，更换空气滤清器芯，测量制动踏板自由行程和制动行程，检查制动助力器助力能力，检查前风窗玻璃洗涤器与刮水器，检查转向轴和转向柱等。

(4) 工位四（举升机升至中位）

环绕车辆进行操作，主要检查车轮和车辆底部泄漏情况，如图 5-4 所示。

✓ **主要操作项目：**

轮毂轴承检查、制动器检查、车辆底部泄漏情况检查等项目。

(5) 工位五（举升机升至低位）

主要是车辆综合性能检查，包括调整机油、冷却液等液面，确保车辆处于性能完好状态，如图 5-5 所示。

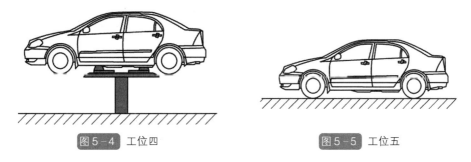

图 5-4 工位四　　　图 5-5 工位五

✓ **主要操作内容：**

检测空调系统性能，检测发动机尾气排放值，检测制冷剂泄漏，检查调整机油液位等。

(6) 车辆维护作业完毕后路试

✓ **主要操作项目：**

制动系统检查、驻车系统检查、传动系统检查、转向系统检查、自动变速器状况检查、振动和异响检查等。

## 二、学生训练

**1. 汽车定期维护操作内容，相应操作工艺安排的原则**

训练时间：20min。

训练过程：对照车辆，让学生了解车辆定期维护作业时，工作状况检查、目视检查、定期更换零件操作、连接状况检查及紧固、液位检查等主要内容，理解操作工艺编排的原则，确保安全生产、提高劳动效率。

**2. 车辆工作位置操作训练**

训练时间：20min。

训练过程：两人一组，用举升机按照"工位一"至"工位五"的操作顺序，完成车辆在举升机上各作业位置的工序演示，了解各工作位置主要操作内容，掌握汽车维护作业流程。

✔ **注意**：车辆举升过程中，一定要遵守举升机的安全操作规范。

## 三、随堂练

【判断题】

1) 每个作业工位中，都要注意对车辆的安全防护。（　　）
2) 车辆维护作业主要以站姿为主，尽量减少蹲姿。（　　）
3) 机油的检查及调整在"工位五"进行。（　　）
4) 车辆尾气排放性能检查是一项重要检查项目。（　　）
5) "工位三"是车辆与举升机、车轮与地面处于半联动状态。（　　）

## 四、训练结束后场地整理及授课总结（包含5S项目）

1) 举升机清洁、归位，场地清理。
2) 实训车辆清洁及归位。
3) 指导老师总结实训课题，布置课后实习报告。

## 五、实习报告

| 姓　名 | | 班级 | | 实习日期 | |
|---|---|---|---|---|---|
| 训练项目题目 | | | | | |

主要实训内容记录：

1. 车辆定期维护主要检查项目：
2. 车辆维护与保养操作工艺安排原则：
3. 各顶起位置主要操作内容：

| 实训中疑难点的记录（等待老师解决） | |
|---|---|
| 教师评语 | |

# 第二单元 汽车定期维护作业流程

> **内容简介**

本单元包括"作业任务6"~"作业任务27",主要内容是结合上汽通用别克威朗轿车10000km定期维护的作业流程,包括车辆举升的五个工作位置,全面完成汽车各部位的维护保养操作。

> **主要实训器材、设备**

成套常用工具、专用工具、量具,上汽通用别克威朗15S自动进取型轿车一辆,剪式举升机一辆,翼子板布及前格栅布一套,室内一次性防护用品一套。

> **实训教学目的**

**1. 举升位置一(图1)**

作业内容:

1)检查发动机冷却、润滑、制动液。

2)检查发动机传动带、冷却系统软管。

3)检查蓄电池静态电压、仪表板相关指示灯和警告灯。

图1 定期维护作业——车辆地面位置

4)检查空调制冷剂纯度,空调通风、冷却风扇。

**2. 举升位置二(图2)**

作业内容:

1)检查发动机、变速器有无漏油,排放机油。

2)检查散热器、冷凝器有无泄漏。

3)检查发动机排气系统、燃油系统、制动系统。

4)紧固底盘螺栓。

5)更换机油滤清器。

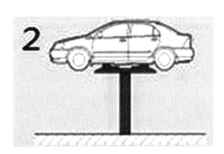

图2 定期维护作业——车辆最高举起位置

**3. 举升位置三(图3)**

作业内容:

1)加注新的机油,更换空气滤清器滤芯。

2）测量制动踏板自由行程和制动行程。
3）检查制动助力器助力能力。
4）检查前风窗玻璃洗涤器与刮水器。
5）检查转向轴和转向柱。

**4. 举升位置四（图4）**

作业内容：
1）目视检查前轮制动衬片和制动盘表面的磨损情况。
2）检查机油有无泄漏。
3）检查冷却液有无泄漏。

**5. 举升位置五（图5）**

作业内容：
1）检测空调系统性能。
2）检测发动机尾气排放值。
3）检测制冷剂泄漏。
4）检查机油液位。

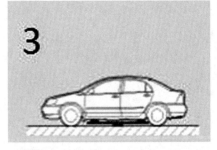

图3 定期维护作业——车辆与地面、举升机间处于半联动状态

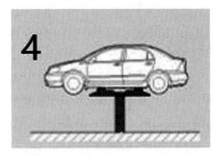

图4 定期维护作业——车辆举升到中间高度位置

图5 定期维护作业——车辆地面位置

### 教学组织

**1. 教师职责**

1）讲解、示范汽车10000km维护中"举升位置一"至"举升位置五"的作业流程、操作步骤、技术规范和安全注意事项。

2）在实训过程中，以工位操作为训练课题，检查、指导学生基本操作技能，及时纠正学生实训中存在的不规范动作，并启发学生积极思考，理论联系实际，解决生产中遇到的实际问题。

3）在操作中渗透相关理论知识，强化理论体系培养，使学生既懂得操作工艺，又掌握与之相关联的基础理论知识，真正做到在操作中促进理论知识的完善和提高，做到理论与实际操作的融会贯通。

4）老师根据学生操作过程中存在的优、缺点予以点评，以便促进学生基础理论和基本技能的改进、提高。

5）指导学生完成课后实习报告。

**2. 学生安排**

1）学生在各项目的训练过程中，可分组训练，每组4~6人（一人操作、一人评分，其他同学认真观察作业过程并积极思考）。

2）操作完成后，相互交换角色，另一名学生完成实训操作项目。

3）每组同学全部完成实训任务后，由小组长组织讨论，将实训过程中的主要收获、存在的问题认真总结并记录，写出心得体会。

4）完成实习报告，并将实训过程中存在的问题及时反馈到指导老师处。

## 作业任务6

## 车辆防护、发动机舱检查

### 【项目目标】

1. 掌握汽车定期维护作业中车辆防护的主要内容。
2. 掌握车辆起动前发动机舱内的检查项目。

### 【训练前准备】

1. 常规准备工作（卫生清扫、场地安全认定、人数清点等）。
2. 检查清理、举升机使用状况确认。
3. 准备车外翼子板布和前格栅布，准备室内防护三件套。
4. 上汽通用别克威朗15S进取型轿车一辆。

### 一、教师示范讲解

#### （一）汽车定期维护作业车辆防护

车辆防护作业确保了汽车维护作业的安全性和规范性，是汽车维护作业顺利实施的前提和保障。

**1. 前期准备工作**

1）将车轮挡块施加于两后轮，如图6-1所示。
2）安装尾气排放管，如图6-2所示。

图6-1 安装车轮挡块

图6-2 安装尾气排放管

**2. 汽车内部防护**

1）用遥控器打开车门，将点火开关置于ON位置，降下两侧前车门玻璃，再将点火开关置于OFF位置，如图6-3所示。

✓ 思考：为什么作业过程中前车门玻璃始终保持在敞开位置？

2）安装座椅套、转向盘套、脚垫、变速杆套，如图6-4所示。

图 6-3 检查前降下两侧前车门玻璃

图 6-4 车辆室内防护

3)拉开发动机舱释放杆。

**3. 车辆外部防护**

1)将发动机舱盖支起,如图 6-5 所示。

2)安装翼子板防护布、前格栅防护布,如图 6-6 所示。

图 6-5 支起发动机舱盖

图 6-6 车辆外部防护

**(二)发动机舱内检查项目**

**1. 冷却液液面高度检查**

通过冷却液储液罐上的刻度线检查,要求冷却液液面在上下刻度线之间。检查冷却液液面时,用手电筒照射以便观察液面高度,不要晃动储液罐,如图 6-7 所示,若冷却液液面过低,应添加冷却液。

✓ **操作要点**:当添加冷却液需打开储液罐盖时,一定要注意操作规范,确认发动机是否处于热态。将厚的垫布置于储液罐盖上,用手压紧垫布,先逆时针拧松储液罐盖45°,放出冷却系统内部的热气,等气体完全放出后,再旋转45°,将储液罐盖拧下,如图 6-8 所示。

图 6-7 冷却液液面高度检查

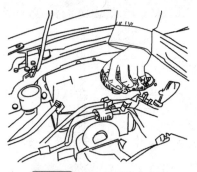

图 6-8 储液罐盖打开方法

✔ **思考**：若直接将储液罐盖打开，会造成什么后果？_____。

✔ **知识点：冷却液**

1) 成品冷却液如图 6-9 所示。

2) 冷却液成分：冷却液主要成分为乙二醇和蒸馏水的混合液，有红色和绿色两种，均为长效冷却液。若过期使用冷却液，其防锈能力会降低，散热器、管道、软管等将会损坏。

3) 冷却液主要指标：冷却液主要指标是冰点，有 -25、-30、-35、-40、-45、-50 六种型号，维修技师可根据车辆使用地区的最低温度，通过添加蒸馏水来调整冷却液冰点，乙二醇含量越高，其冰点越低。

4) 更换周期：每 40000km 或两年。

**2. 玻璃洗涤液液面高度检查**

1) 通过洗涤液罐内的标尺检查，如图 6-10 所示。

图 6-9 成品冷却液

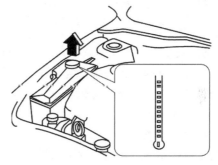

图 6-10 洗涤液液面高度检查（1）

2) 通过洗涤液罐上的刻度线检查，如图 6-11 所示。若洗涤液液面过低，应添加玻璃洗涤液。

✔ **知识点：玻璃洗涤液**

俗称玻璃水，属于汽车使用中的易耗品，为浅蓝色液体，是水、酒精、除虫胶清洁剂、防冻剂等成分的混合液，成品如图 6-12 所示。目前使用的型号以长效防冻型为主，冬季不结冰，确保一年四季使用，因此，玻璃洗涤液的主要指标是冰点。当你感觉到前风窗玻璃上有灰尘、飞虫残留物等，影响风窗玻璃的透明度时，就需要操作洗涤装置，喷一喷洗涤液，让前风窗玻璃处于最佳的透明状态。

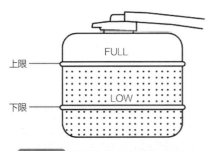

图 6-11 洗涤液液面高度检查（2）

图 6-12 成品玻璃洗涤液

**3. 制动液液面检查**

通过制动液储液罐上的刻度尺检查，要求制动液液面在上下线之间，如图 6-13 所示。若制动液液面过低，应添加符合该车规定型号的制动液，同时检查制动液盖上的通风孔是否堵塞。

✓ **知识点：制动液**

1) 制动液型号：有醇型、矿油型、合成型三种类型。目前，汽车使用制动液均为合成型制动液，成品制动液如图6-14所示。

图6-13 制动液液面高度检查

图6-14 成品制动液

2) 制动液吸湿性：制动液能够吸收空气中的水分，从而使沸点降低，当制动产生热量时，制动液沸腾，使制动管路内的制动液产生气阻，如图6-15所示，吸收了施加在制动轮缸上的液体制动力，总体上使车辆制动性能降低。制动液中的水分还会在制动轮缸上产生锈蚀，使制动液在密封圈处泄漏。

3) 检查/更换周期：

每行驶10000km或6个月检查一次。

每行驶40000km或两年更换一次。

**4. 机油检查**

1) 液面高度检查：拔出机油尺，清洁干净，然后再插入，抽出机油尺，确认机油液面高度是否符合标准，如图6-16所示。

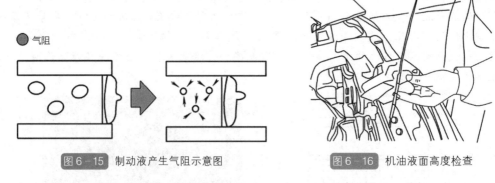

图6-15 制动液产生气阻示意图　　图6-16 机油液面高度检查

✓ **思考**：机油液面高度检查必须在发动机停止运行后10min以上进行，为什么？

2) 机油质量检查：将机油涂在手上，观察颜色，判断是否变质，有无混入水分、金属屑等异物。同时，嗅一嗅机油的气味，判断机油是否被发动机曲轴箱内废气污染。

✓ **知识点：机油**

1) 成品机油在使用性能和型号上要达到维修手册性能要求，成品机油如图6-17所示。

2) 机油分类和标准：机油主要有汽油机机油和柴油机机油两种类型。使用等级标准是按照

API（美国石油学会）分类的，黏度等级是按照SAE（美国汽车工程师协会）来划分的。

3) 机油使用等级分类（API）见表6-1。

表6-1 机油使用等级分类（API）

| 汽油机机油 | SA | SB | SC | SF | SG | SH | SJ | SL | SM | SN |
|---|---|---|---|---|---|---|---|---|---|---|
| 质量等级 | 低 | | | | →  | | | | | 高 |
| 柴油机机油 | CA | | CB | | CC | | CD | | CE | |

① 汽油机机油按使用等级划分：有SA、SB、SC、SF、SG、SH、SJ、SL、SM、SN等级别，级别越靠后，使用等级标准越高，其中SM为半合成机油，SM为全合成机油。

② 柴油机机油按使用等级划分：有CA、CB、CC、CD和CE等级别，级别越靠后，使用等级标准越高。

4) 机油黏度等级分类（SAE），如图6-18所示。

图6-17 汽车用成品机油

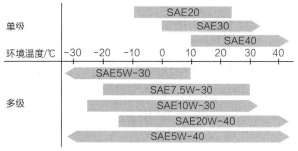

图6-18 机油多级黏度使用范围示意图

① 单级黏度机油：分为冬季机油（W级）和非冬季机油，有0W、5W、15W、20W、25W、20、30、40、50、60等级别，从左到右，适应的环境温度越来越高。

② 多级黏度机油：目前不论是汽油机机油还是柴油机机油，使用的都是多级黏度机油，即一年四季通用型，如5W/40，该机油使用的环境温度在-30~40℃。

5) 机油更换周期。普通级别机油一般为车辆行驶5000km或间隔6个月，半合成机油或全合成机油为7500km或间隔6个月。不同车型规定使用机油的型号不同，同一类车型有相同的机油更换周期，因此，要以生产厂家规定的保养周期为准。

## 二、学生训练

### （一）汽车定期维护作业时的车辆防护

训练时间：10min。

训练过程：前期准备工作、汽车内部防护、汽车外部防护。

### （二）发动机舱内检查项目

训练时间：10min。

训练过程：发动机冷却液检查、玻璃洗涤液检查、制动液检查、机油检查。

**注意**：训练中让学生掌握冷却液、制动液、玻璃洗涤液、机油等必要的知识点。

### 三、随堂练

【判断题】

1）车辆维护作业时，若停在较平整的地面上，可不施加车轮挡块。（    ）
2）冷却液液面较低时，热态下可直接将加液盖打开，添加冷却液补充。（    ）
3）制动液具有吸湿性，为防止空气中水分被其吸收，可将加液盖上的通风孔完全堵死。
（    ）
4）冷却液必须根据行驶里程或间隔时间来更换。（    ）
5）允许向冷却液中添加蒸馏水，以调整冷却液的浓度。（    ）

【选择题】

1）维护与保养作业时的车辆防护，若用户不在现场，是否可不做？＿＿＿＿
    A．不可以               B．完全可以          C．没有明确规定
2）机油中渗入冷却液，机油量将变多，机油颜色将变成＿＿＿＿。
    A．深色                 B．乳白色            C．浅红色
3）关于汽油发动机使用机油的说法，＿＿＿＿是正确的。
    A．SF 级可替代 SJ 级使用   B．SJ 级可代替 SF 级使用   C．没有明确规定
4）机油液面高度检查要求在发动机停转至少＿＿＿＿后进行。
    A．1min                B．5min              C．10min
5）普通级别机油更换周期为＿＿＿＿。
    A．5000km 或 6 个月     B．7500km 或 12 个月    C．10000km 或 8 个月

### 四、训练结束后场地整理及授课总结（包含5S项目）

1）翼子板布、前格栅布、车轮挡块整理归位。
2）室内防护三件套清理及归位。
3）指导老师总结实训课题，布置课后实习报告。

### 五、实习报告

| 姓　名 |  | 班　级 |  | 实习日期 |  |
|---|---|---|---|---|---|
| 训练项目题目 |  |  |  |  |  |

主要实训内容记录：

1. 汽车定期维护作业中的车辆防护：

2. 发动机舱内检查项目：

| 实训中疑难点的记录（等待老师解决） |  |
|---|---|
| 教师评语 |  |

## 作业任务 7

# 车辆灯光检查

## 【项目目标】

1. 掌握汽车外部灯光检查的操作方法。
2. 掌握汽车内部仪表警告灯及灯光控制开关检查的操作方法。

## 【训练前准备】

1. 常规准备工作（卫生清扫、场地安全认定、人数清点等）。
2. 上汽通用别克威朗 15S 进取型轿车一辆。
3. 上汽通用别克威朗 15S 进取型轿车常用熔丝及灯泡一组。

### 一、教师示范讲解

#### （一）车辆外部灯光检查

车辆灯光检查由两人配合完成，一人在驾驶室内操纵灯光开关，同时检查开关、仪表警告灯、室内灯的使用状况；另一人在车外前后、左右观察各种灯光的工作情况，并通过手势与室内人员沟通，发现问题及时记录，如图 7-1 所示。

**注意**：灯光检查耗电量较大，作业时发动机应处于运转状态。

**1. 示宽灯、尾灯、牌照灯、仪表照明灯检查**

将灯光总开关置于示宽灯位置，如图 7-2 所示，车前观察示宽灯点亮状况，车后观察尾灯和牌照灯点亮状况，同时室内观察仪表照明灯点亮和相关开关背景灯点亮状况，调节背景灯亮度开关，观察仪表背景和开关背景是否发生变化，并将背景灯调节到适当亮度，如图 7-3 所示。

图 7-1 车辆外部灯光检查

图 7-2 灯光开关位置——示宽灯位置

**2. 雾灯检查**

将灯光总开关置于示宽灯位置，打开后雾灯开关，如图 7-4 所示，室内观察仪表板上的后雾灯点亮指示灯是否亮起，如图 7-5 所示，车辆后部观察后雾灯是否亮起，如图 7-6 所示。

✓ **注意**：雾灯一般是在灯光总开关置于示宽灯和前照灯位置时工作的。

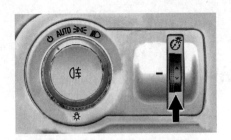

图7-3 灯光开关位置——背景灯的调节

图7-4 后雾灯开关操作

图7-5 仪表板上后雾灯指示符号

图7-6 车辆后部后雾灯工作情况检查

**3. 前照灯近光检查**

将灯光总开关从示宽灯位置旋转至前照灯位置，且开关上下处于近光位置（上下之间的中位），如图7-7所示，车前观察前照灯近光工作状况。

**4. 前照灯远光检查**

将灯光总开关从近光位置向下推到远光位置（上下之间的下位），如图7-8所示，车前观察前照灯远光点亮状况，仪表板上观察远光指示灯点亮状况。

图7-7 灯光开关位置——前照灯近光位置

**5. 前照灯闪光检查**

将灯光总开关置于OFF位置，上拉开关置于闪光位置（上下之间的上位），如图7-9所示，车前观察前照灯是否闪亮，观察仪表板上远光指示灯是否闪亮。

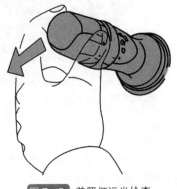

图7-8 前照灯远光检查

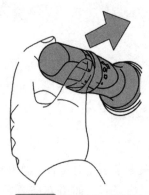

图7-9 前照灯闪光检查

✔ **知识点**：前照灯闪光即超车信号灯，超车时发出该信号，前方车辆会很容易收到。

### 6. 转向灯及转向开关自动回位检查（图 7-10）

（1）左侧转向灯检查

将点火开关置于 ON 位置，转向开关置于左侧转向位置，观察车辆左侧前、后、侧面转向灯点亮状况，同时观察仪表板左侧转向指示灯点亮状况。将转向盘向右侧转动，检查转向开关是否能自动回位。

（2）右侧转向灯检查

将点火开关置于 ON 位置，转向开关置于右侧转向位置，观察车辆右侧前、后、侧面转向灯点亮状况，同时观察仪表板右侧转向指示灯点亮状况。将转向盘向左侧转动，检查转向开关是否能自动回位。

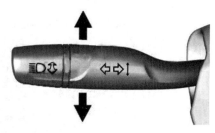

图 7-10 转向灯及转向开关自动回位检查

### 7. 危险信号灯检查

按下危险信号开关，如图 7-11 所示，观察车辆前后、左右所有的转向灯是否点亮，仪表板上危险信号指示灯是否点亮。

✔ **思考**：在什么情况下使用危险信号灯？_____

### 8. 制动灯检查

将灯光总开关置于示宽灯位置，踩下制动踏板，观察车辆后方制动灯（包含高位制动灯）是否点亮。

✔ **知识点**：制动灯和尾灯共用一个双丝灯泡，如图 7-12 所示，尾灯灯丝的功率约为 5W，制动灯灯丝的功率约为 21W，因此，检查制动灯时，应以尾灯亮起为基础，确认制动灯是否工作正常。

图 7-11 危险信号灯检查

图 7-12 双丝灯泡

### 9. 倒车灯检查

点火开关置于 ON 位置，为确保安全，检查操作时发动机应处于未运转状态，变速杆置于倒档位置，如图 7-13 所示，车后观察倒车指示灯是否点亮。

## （二）仪表警告灯及室内照明灯检查

### 1. 仪表警告灯检查

将点火开关由 ACC 位置转至 ON 位置，观察仪表板上的警告灯自检情况是否正常，自检结束后部分警告灯将熄灭；再将点火开关由 ON 位置置于 STA 位置，等发动机起动后，正常状况为除驻车指示灯外的其他警告灯应全部熄灭，如图 7-14 所示。

图 7-13　倒车灯检查

图 7-14　仪表警告灯检查

✓ **思考**：你所检查车型仪表板上有多少种仪表警告灯？例如：_____

**2. 室内照明灯检查**

室内照明灯由前部阅读照明灯和后部阅读照明灯组成。

1）前部阅读照明灯，如图 7-15 所示。

2）后部阅读照明灯。该灯兼有照明和指示车门是否关紧的作用。将室内照明灯开关由 OFF 位置旋至 ON 位置，观察室内照明灯点亮状况，然后将开关置于 DOOR 位置，打开任意一车门时，室内照明灯应该点亮，如图 7-16 所示。

图 7-15　前部阅读照明灯

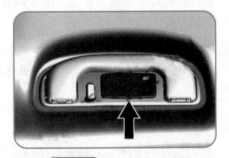

图 7-16　室内照明灯检查

## 二、学生训练

### （一）车辆外部灯光检查操作

训练时间：10min。

训练过程：两人一组、相互配合，完成示宽灯、前照灯、转向灯、危险信号灯、制动灯、倒车灯等相应灯光的检查项目。

### （二）仪表警告灯及室内照明灯检查操作

训练时间：10min。

训练过程：仪表板警告灯检查、室内照明灯检查。

## 三、随堂练

【判断题】

1）前照灯闪光检查时，不论灯光总开关是否打开，只要向上拉起开关至顶位，前照灯远光

就会点亮。 (    )
2）一般情况下，雾灯不受灯光总开关控制，只要接通雾灯开关，该灯就会点亮。(    )
3）后尾灯功率大于制动灯功率。 (    )
4）有些汽车设置了高位制动灯，主要目的是踩制动踏板时，后部灯光更加绚丽、美观。
 (    )
5）汽车雾灯发光颜色一般为黄色。 (    )

**【选择题】**

1）汽车倒车信号灯的灯罩颜色为_____。
   A. 红色　　　　　　B. 白色　　　　　　C. 橙色

2）汽车制动灯的灯罩颜色为_____。
   A. 红色　　　　　　B. 白色　　　　　　C. 橙色

3）汽车尾灯和制动灯为双丝灯泡，其中，功率较大的灯丝为_____。
   A. 制动灯　　　　　B. 尾灯　　　　　　C. 不能确定

4）有的车型转向灯带故障报警功能，当其中一只转向灯灯泡发生断路故障时，该侧转向灯就_____，发出信号，提醒驾驶人及时更换灯泡。
   A. 不闪烁　　　　　B. 快速闪烁　　　　C. 慢速闪烁

5）作为超车信号的灯光为_____。
   A. 左侧转向信号灯　B. 危险信号灯　　　C. 前照灯远光

## 四、训练结束后场地整理及授课总结（包含5S项目）

1）车辆清洁、归位，场地清扫整理。
2）常用电器部件（熔丝、灯泡等）清理、归位。
3）指导老师总结实训课题，布置课后实习报告。

## 五、实习报告

| 姓　　名 |  | 班　级 |  | 实习日期 |  |
|---|---|---|---|---|---|
| 训练项目题目 |  |  |  |  |  |

主要实训内容记录：

1. 车辆外部灯光检查：

2. 仪表警告灯及室内照明灯检查：

| 实训中疑难点的记录（等待老师解决） |  |
|---|---|
| 教师评语 |  |

## 作业任务 8

## 蓄电池静态电压、传动带、冷却系统软管检查

【项目目标】

1. 掌握蓄电池静态电压检测的操作方法。
2. 掌握汽车发动机传动带检查的操作方法。
3. 掌握车辆冷却系统软管检查的操作方法。

【训练前准备】

1. 常规准备工作（卫生清扫、场地安全认定、人数清点等）。
2. 上汽通用别克威朗 15S 进取型轿车一辆。
3. 常用工具一套、检测用万用表一只。

### 一、教师示范讲解

（一）蓄电池静态电压检测

蓄电池的静态电压是指车辆在没有充放电状态下，测量出的蓄电池电压值。

**1. 测量前准备**

1) 确认车辆上所有的用电设备处于关闭状态。

2) 将万用表置于电阻档，开启万用表开关，将正、负表笔短接，校验万用表测量误差是否在标准范围内，如图 8-1 所示。

**2. 蓄电池静态电压的测量**

1) 将万用表置于电压档 "V" 位置。

2) 取下发动机舱电位测量的正、负极柱防护帽，清洁正、负极柱后，红表笔置于 "+" 极柱、黑表笔置于 "-" 极柱，如图 8-2 所示。

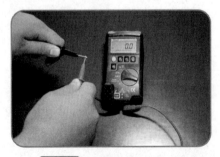

图 8-1　万用表使用前的校验

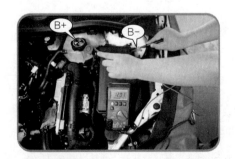

图 8-2　蓄电池静态电压的测量

3) 读出万用表的测量值，并将数值及时进行记录，其静态电压为_____V。

4）根据测量结果，判断蓄电池的静态电压是否正常。

✓ **知识点**：蓄电池的静态电压是指在没有充放电时的表面电荷电压，一般在 12.5～13.5V 范围内为正常值。

### （二）传动带检查

发动机传动带将曲轴带轮、发电机带轮、空调带轮连接在一起，设有自动张紧力调节装置，确保动力传输可靠。

1）借助手电筒照明，观察传动带内侧接触面是否有磨损或疲劳裂纹，如图 8-3 所示。

2）用力按动传动带中间，观察张紧力调节器是否随之活动，若不动应更换传动带及张紧器，如图 8-4 所示。

图 8-3 传动带使用状况检查

图 8-4 传动带张紧器的检查

✓ **知识点**：若传动带自动调节张紧器损坏，将不能自动调节传动带张紧力，随着传动带的使用，其长度逐渐被拉长，就会出现冷车时传动带与带轮之间打滑的现象，从而发出尖锐的摩擦声。

### （三）冷却系统软管检查

检查发动机舱冷却系统软管，确保冷却系统软管无老化、变形，且接口处卡箍连接到位，冷却系统无渗漏现象。

✓ **安全提示**：在热态检查冷却系统软管时，为防止烫伤，一定要戴线手套进行防护。

**1. 膨胀水箱盖检查**

按照操作规范拧下膨胀水箱盖（一圈一圈小心打开膨胀水箱盖来释放压力），检查膨胀水箱盖限压阀打开性能是否符合标准，如图 8-5 所示。

**2. 冷却系统密封性检查**

1）选择适当测试仪器拧在膨胀阀上，然后向冷却系统施加 0.10～0.15MPa 的压力，检查冷却系统是否存在泄漏、老化和变形等情况，如图 8-6 所示。

2）检查发动机至散热器进水管是否有老化、变形，水管两端连接卡箍是否安装到位，如图 8-7 所示。

3）检查发动机至散热器出水管是否有老化、变形，水管两端连接卡箍是否安装到位，如图 8-8 所示。

图8-5 膨胀水箱盖使用性能检查

1—水箱盖 2—连接螺纹 3—测试连接盘 4—测试泵连接软管

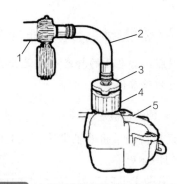

图8-6 冷却系统泄漏检查时施加适当压力

1—测试泵接头 2—测试泵连接管 3—测试连接盘
4—连接螺纹 5—膨胀水箱

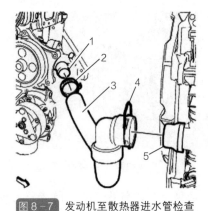

图8-7 发动机至散热器进水管检查

1—密封垫圈 2、4—连接卡扣 3—下水管 5—入水管

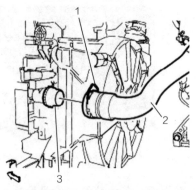

图8-8 发动机至散热器出水管检查

1—连接卡扣 2—上水管 3—发动机上入水管

4）检查发动机至膨胀水箱之间的水管是否有老化、变形，水管两端连接卡箍是否安装到位，如图8-9所示。

5）检查发动机节温器处连接水管是否有老化、变形，水管两端连接卡箍是否安装到位，如图8-10所示。

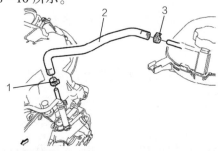

图8-9 发动机至膨胀水箱之间水管检查

1、3—卡箍 2—软管

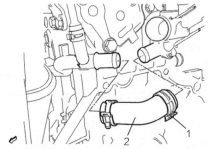

图8-10 发动机节温器处连接水管检查

1—卡箍 2—软管

✓ **注意**：检查操作拉动水管时，避免动作过于粗暴，可用手电筒照明以方便发现渗漏。

## 二、学生训练

### （一）蓄电池静态电压测量

训练时间：5min。

训练过程：万用表校验，测量记录蓄电池电压，蓄电池使用状况判断等。

### （二）发动机传动带检查

训练时间：5min。

训练过程：传动带使用状况判断，张紧器性能检查等。

### （三）冷却系统软管检查

训练时间：5min。

训练过程：冷却系统软管检查的安全防护，冷却系统软管老化、疲劳、渗漏检查等。

## 三、随堂练

【判断题】

1）万用表停用时，表盘档位应置于电压档位置。　　　　　　　　　　　　（　　）
2）车辆室内灯功率较小，当室内灯亮时不影响蓄电池静态电压的测量。　　（　　）
3）传动带使用性能主要观察其外表面。　　　　　　　　　　　　　　　　（　　）
4）当传动带自动调节张紧器调节装置达到调节极限时，应更换传动带和张紧器总成。
　　　　　　　　　　　　　　　　　　　　　　　　　　　　　　　　　（　　）
5）检查冷却系统软管，确保其无老化、疲劳现象，且卡箍安装到位、无冷却液渗漏。
　　　　　　　　　　　　　　　　　　　　　　　　　　　　　　　　　（　　）

## 四、训练结束后场地整理及授课总结（包含5S项目）

1）车辆内部清洁整理。
2）常用工具、万用表的清洁及归位。
3）指导老师总结实训课题，布置课后实习报告。

## 五、实习报告

| 姓　名 | | 班　级 | | 实习日期 | |
|---|---|---|---|---|---|
| 训练项目题目 | | | | | |

主要实训内容记录：

1. 蓄电池静态电压的检测：

2. 发动机传动带性能检查：

3. 冷却系统软管检查：

| 实训中疑难点的记录（等待老师解决） | |
|---|---|
| 教师评语 | |

## 作业任务 9

# 安全带、变速杆及档位指示灯检查

【项目目标】

1. 掌握汽车安全带使用状况检查的操作方法。
2. 掌握变速杆检查的操作方法。
3. 掌握变速杆在不同位置指示灯的显示情况。

【训练前准备】

1. 常规准备工作（卫生清扫、场地安全认定、人数清点等）。
2. 上汽通用别克威朗 15S 进取型轿车一辆。
3. 常用工具、量具一套。

## 一、教师示范讲解

（一）汽车安全带使用状况检查

**1. 安全带固定状况检查**

检查安全带固定螺栓是否松动，如图 9-1 所示，或通过扳手紧固固定螺栓，确认固定螺栓无松动。

**2. 安全带上支撑点调整装置检查**

用手按住锁止按钮，上下调整安全带位置，确认安全带上支撑点调整装置性能可靠，如图 9-2 所示。

 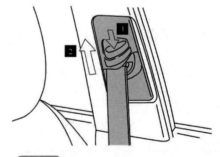

图 9-1 安全带固定状况检查　　图 9-2 安全带上支撑点调整装置检查

**3. 安全带使用性能检查**

1）将点火开关置于 ON 位置，在没有插入安全带连接器时，仪表板上的安全带指示灯应该点亮，如图 9-3 所示。

2）向外缓慢拉出安全带，安全带应能被自由拉出，且长度符合要求，拉出的过程正反面检查安全带表面是否有磨损和撕裂等现象。将安全带快速插头插入连接器,检查快速插头能否被锁住,同时仪表板上的安全带指示灯应熄灭,如图9-4所示;再按下连接器上的断开按钮,快速插头应迅速脱离与连接器的连接,仪表板上的安全带指示灯应点亮,如图9-5所示。

图9-3 仪表板上的安全带指示灯检查

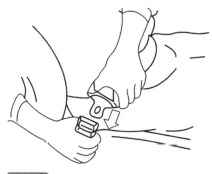

图9-4 安全带快速插头连接器检查(1)

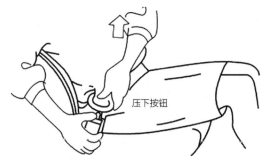

图9-5 安全带快速插头连接器检查(2)

3)断开安全带快速插头后,安全带自动收回的过程中使安全带停止收回,在松开安全带后,安全带控制装置靠自身弹力应能够自动收回,如图9-6所示。

4)用手快速拉动安全带,安全带应能立刻锁止,如图9-7所示。

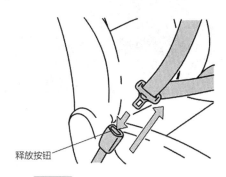

图9-6 安全带自动回收装置检查

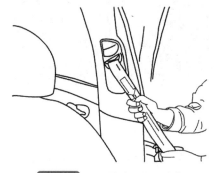

图9-7 安全带锁止状况检查

5)断开安全带快速插头后,安全带回收的中途用手捏住安全带,停顿后再松开,安全带应能自动收回,如图9-8所示。

✓ **注意**:要检查前排和后排的所有安全带。

✓ **知识点:安全带**

1)安全带属于被动安全装置,当车辆发生碰撞时,能大大降低对驾乘人员的伤害,因此,驾驶及乘坐车辆时,使用安全带是一项必要的安全保障措施。

2)安全带有"两点式"和"三点式"两种类型,当前使用较多的为"三点式"结构,如图9-9所示。

图9-8 安全带自动回收装置检查

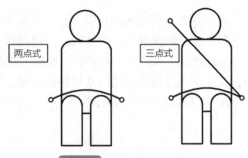

图9-9 安全带的主要类型

3)现代中高档轿车上使用了预紧限力式安全带,即当车辆发生严重碰撞事故时,安全带预紧器在安全气囊控制装置控制下,首先预紧安全带,防止驾乘人员因惯性造成身体前倾;同时,为了保护驾乘人员,在安全带预紧之后,适当放松安全带,防止预紧力过度,造成身体二次伤害。

### (二)变速杆及档位指示灯检查

**1. 档位锁止情况检查**

点火开关置于ON位置,仪表板指示灯应点亮,将档位置于P位,踩下制动踏板,在未按住锁止按钮的情况下,向后拉动变速杆,应处于锁止状态,如图9-10所示。当用手按住锁止按钮,拉动变速杆时,变速杆应能够拉动,如图9-11所示。

图9-10 变速杆锁止状况检查(锁止状态)

图9-11 变速杆锁止状况检查(锁止解除状态)

**2. 档位指示情况检查**

点火开关保持ON位置,踩下制动踏板,按住变速杆上的锁止按钮,从P→R→N→D→L变换档位,仪表板上的信息屏应显示档位位置,如图9-12所示。

当变速杆置于L位时,手动按动"+/-"档位按钮,观察仪表板上的档位指示,应能够从"1档位"升到最高档位,然后再从最高档位降到"1档位",如图9-13所示。检查完毕后,将档位置于P位。

图9-12 仪表板上的档位指示检查

图9-13 变速杆L位"+/-"档位检查

## 二、学生训练

### （一）汽车安全带使用状况检查

训练时间：5min。

训练过程：安全带固定状况检查、安全带上支撑点调整装置检查、安全带使用性能检查等。

### （二）变速杆及档位指示灯检查

训练时间：5min。

训练过程：档位锁止情况检查、档位指示情况检查等。

## 三、随堂练

**【判断题】**

1）车辆行驶时，后排座椅上的乘客可以不系安全带。　　　　　　　　　　（　）
2）现代汽车前排座椅上安全带为"三点式"结构。　　　　　　　　　　　（　）
3）驾乘人员使用安全带后，安全带提示装置不再报警，车辆安全性能提高了，此时可以超速行驶。　　　　　　　　　　　　　　　　　　　　　　　　　　　　　（　）
4）车辆停车后，应将变速杆置于 N 位，并拉紧驻车制动。　　　　　　（　）
5）变速杆档位指示在仪表板上。　　　　　　　　　　　　　　　　　　　（　）

**【选择题】**

1）进行安全带检查时，缓慢拉动安全带，此时安全带的状况为_____。
　　A. 立刻锁止　　　　B. 不能锁止　　　　C. 有的能锁止、有的不能锁止
2）进行安全带检查时，用力拉动安全带，此时安全带的状况为_____。
　　A. 立刻锁止　　　　B. 不能锁止　　　　C. 有的能锁止、有的不能锁止
3）使用安全带提高了驾乘人员的安全性，其属于_____。
　　A. 主动安全装置　　B. 被动安全装置　　C. 最新式的主动安全装置
4）车辆停车时，变速器档位应当置于_____。
　　A. P 位　　　　　　B. N 位　　　　　　C. D 位

## 四、训练结束后场地整理及授课总结（包含5S项目）

1）车辆内部清洁整理。
2）工具清洁及归位。
3）指导老师总结实训课题，布置课后实习报告。

## 五、实习报告

| 姓　　名 | | 班　级 | | 实习日期 | |
|---|---|---|---|---|---|
| 训练项目题目 | | | | | |

主要实训内容记录：
1. 汽车安全带使用状况检查：
2. 变速杆及档位指示灯检查：

| 实训中疑难点的记录<br>（等待老师解决） | |
|---|---|
| 教师评语 | |

## 作业任务 10

# 座椅、车门检查

【项目目标】

1. 掌握汽车座椅使用状况检查的操作方法。
2. 掌握汽车车门检查的操作方法。
3. 掌握车辆外检必要的准备工作。

【训练前准备】

1. 常规准备工作（卫生清扫、场地安全认定、人数清点等）。
2. 上汽通用别克威朗自动进取型轿车一辆。
3. 座椅、车门固定用梅花扳手、套筒扳手各一套。

### 一、教师示范讲解

#### （一）汽车座椅使用状况检查

汽车座椅确保了驾乘人员的安全性和舒适性，是室内检查必不可少的项目。

**1. 座椅固定状况检查**

前后推动座椅，确认座椅固定状况，如图 10-1 所示，或通过扳手紧固固定螺栓，确认座椅底座固定状况。

**2. 座椅前后滑动调整器检查**

操作座椅前后位置调整装置锁紧手柄，确认座椅能够前后调整。调整完毕后，松开锁紧手柄，座椅前后调整装置应能够锁止，如图 10-2 所示。

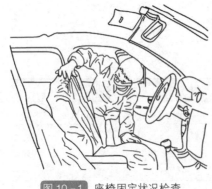

图 10-1 座椅固定状况检查

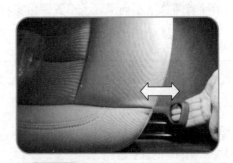

图 10-2 座椅前后位置调整器检查

**3. 座椅靠背倾斜度调整器检查**

扳动座椅靠背倾斜度调整器锁紧手柄，确认座椅靠背能够实现倾斜调整。调整完毕后，松开锁紧手柄,确认座椅靠背倾斜度调整装置已锁止,如图10-3所示。

**4. 头枕上下位置调节器检查**

按住头枕调整锁止按钮,上下拉动头枕,到规定位置后松开锁止按钮,确认头枕已被锁止,如图10-4所示。

 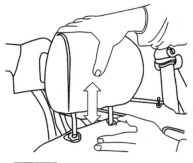

图10-3 座椅靠背倾斜度调整器检查　　图10-4 头枕上下位置调节器检查

✔ **注意**：要检查前排和后排的所有座椅。

**(二) 车门检查**

1) 拉动把手反复开关车门几次,检查车门铰链连接处是否松动,如图10-5所示,或通过扳手紧固车门铰链处连接螺栓来实现。

2) 车门限位状况检查。将车门向外置于敞开最大位置,检查车门限位拉杆固定状况,如图10-6所示。

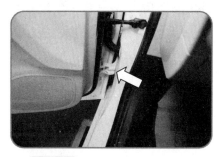 

图10-5 车门铰链连接状况检查　　图10-6 车门限位装置检查

3) 车门下坠状况检查。向上搬动车门,检查车门是否出现下坠,如图10-7所示。

4) 车门未关紧指示灯状况检查。打开车门,观察顶灯和仪表板上车门未关紧指示灯是否同时点亮;关紧车门,两处指示灯应同时熄灭,如图10-8所示。

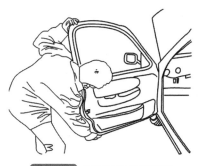 

图10-7 车门下坠状况检查　　图10-8 车门未关紧指示状况检查

5)后排车门儿童锁检查。施加后排车门儿童锁装置,车外能将车门打开,车内不能将车门打开;解除儿童锁装置,车门从车内及车外均能打开,如图10-9所示。

**(三)车辆外检准备工作**

1)将顶灯置于"DOOR"位置,如图10-10所示。

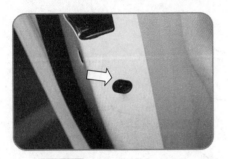

图10-9 后排车门儿童锁检查

图10-10 车辆外检准备工作——"DOOR"位置

2)打开行李舱盖,如图10-11所示。
3)将变速杆置于空档位置,踏下制动踏板,然后释放驻车制动器,如图10-12所示。

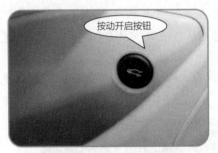

图10-11 车辆外检准备工作
——行李舱盖打开

图10-12 车辆外检准备工作
——释放驻车制动器

## 二、学生训练

**(一)汽车座椅使用状况检查**

训练时间:10min。

训练过程:座椅固定状况检查、座椅前后滑动调整器检查、靠背倾斜度调整器检查、头枕上下位置调整器检查等。

**(二)车门使用状况检查**

训练时间:10min。

训练过程:车门铰链连接状况检查、车门限位装置检查、车门下坠状况检查等。

**(三)车辆外检准备工作**

训练时间:5min。

训练过程:顶灯置于"DOOR"位置,打开行李舱盖,变速杆置于空档位置,释放驻车制动器。

## 三、随堂练

【判断题】

1) 为确保驾乘人员舒适性，汽车座椅位置在前后、上下等方位均能调整。　　　（　　）
2) 车辆行驶时，后排座椅上的乘客可以不系安全带。　　　　　　　　　　　（　　）
3) 车门设有第二道安全锁，当没有关紧车门时仪表板上的指示灯会亮起。　　（　　）
4) 有些高档轿车上，座椅位置调整采用电动调整方式。　　　　　　　　　　（　　）
5) 即使施加了儿童锁装置，有些车辆也能从车内将车门打开。　　　　　　　（　　）
6) 车辆后排座椅施加儿童安全锁后，只能从车外打开车门，而不能从车内打开车门，确保了儿童乘车安全。　　　　　　　　　　　　　　　　　　　　　　　　　　（　　）

## 四、训练结束后场地整理及授课总结（包含5S项目）

1) 车辆内部清洁整理。
2) 梅花扳手、套筒扳手清洁及归位。
3) 指导老师总结实训课题，布置课后实习报告。

## 五、实习报告

| 姓　名 | | 班　级 | | 实习日期 | |
|---|---|---|---|---|---|
| 训练项目题目 | | | | | |

主要实训内容记录：

1. 汽车座椅使用状况检查：

2. 车门使用状况检查：

3. 车辆外检准备工作

| 实训中疑难点的记录<br>（等待老师解决） | |
|---|---|
| 教师评语 | |

## 作业任务 11

## 油箱盖、后车灯、行李舱检查

【项目目标】

1. 掌握汽车油箱盖的检查操作方法。
2. 掌握汽车后组合车灯的检查操作方法。
3. 掌握汽车行李舱的检查操作方法。

【训练前准备】

1. 上汽通用别克威朗 15S 进取型轿车一部。
2. 常用工具一套。
3. 上汽通用别克威朗轿车后组合车灯用配件（12V 专用灯泡）一套。

一、教师示范讲解

（一）汽车油箱盖检查

油箱内外气压的平衡是确保供油系统正常工作的前提，油箱盖状况的检查是非常必要的。

**1. 油箱盖板连接状况检查**

上下晃动油箱盖板，检查油箱盖板是否出现连接松动，如图 11-1 所示。

**2. 油箱盖性能检查**

1）拧下油箱盖，检查油箱盖上密封垫片状况，如图 11-2 所示。

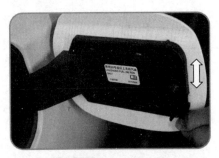

图 11-1 油箱盖板检查

图 11-2 油箱盖密封垫片检查

2）检查油箱盖上真空阀是否锈蚀或堵死。

3）将油箱盖拧紧后，检查力矩限制器是否工作正常（发出"咔嗒"响声，且油箱盖能转动），如图 11-3 所示。

✓ **思考**：若油箱盖上真空阀出现锈蚀堵塞，将会出现什么情况？_____。

## (二) 后组合车灯及行李舱检查

**1. 后组合车灯检查**

1) 检查左右两侧后组合车灯表面是否有划伤、污垢。
2) 检查左右两侧后组合车灯是否安装牢固、无松动，如图 11-4 所示。

图 11-3　油箱盖限位状况检查

图 11-4　后组合车灯检查

**2. 行李舱检查**

(1) 行李舱盖连接状况检查

打开行李舱，检查行李舱盖与铰链之间的连接状况（也可用扳手紧固其连接螺栓来判断是否松动），如图 11-5 所示。

(2) 行李舱内照明灯检查

当行李舱打开后，确认行李舱内照明灯处于点亮状态，如图 11-6 所示。

图 11-5　行李舱盖连接状况检查

图 11-6　行李舱照明灯性能确认

(3) 行李舱开启方式确认

1) 连续两次按动遥控钥匙上的行李舱开启按钮，确认行李舱盖能够打开，如图 11-7 所示。
2) 车辆防盗解除进入车内时，按下驾驶人侧车门饰板储物盒旁边的开启按钮，打开行李舱盖，如图 11-8 所示。
3) 用遥控器锁上车门，车辆处于防盗状态，操作行李舱盖处行李舱开启按钮，行李舱盖不能够打开；用遥控器解除防盗，操作行李舱盖处行李舱开启按钮，行李舱盖能够打开。

## 二、学生训练

### (一) 汽车油箱盖检查

训练时间：5min。

图 11-7 行李舱盖开启方式（1）

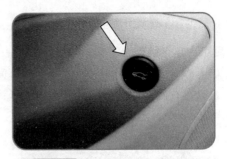
图 11-8 行李舱盖开启方式（2）

训练过程：油箱盖板连接状况检查、油箱盖性能检查。

### （二）后组合车灯及行李舱检查

训练时间：5min。

训练过程：后组合车灯安装情况检查、行李舱盖连接状况检查。

## 三、随堂练

**【判断题】**

1）油箱盖上真空阀锈蚀堵塞后，对供油系统工作没有影响。　　　　　　　　　（　　）
2）油箱盖上限制力矩装置确保了密封垫片不会被压坏。　　　　　　　　　　　（　　）
3）打开行李舱盖后，行李舱照明灯应该点亮。　　　　　　　　　　　　　　　（　　）
4）行李舱盖铰链连接状况可以通过扳手紧固连接螺栓来确定。　　　　　　　　（　　）
5）现代汽车后部大多使用组合式尾灯总成。　　　　　　　　　　　　　　　　（　　）

**【选择题】**

1）油箱盖上真空阀的作用是_____。
　　A. 汽油产生蒸气后，内部压力升高，将蒸气排到大气中，保持油箱内外气压平衡
　　B. 汽油使用后，箱内压力降低而产生真空，将空气引入，保持油箱内外气压平衡
　　C. 油箱盖真空阀始终保持油箱内部恒定 -0.20MPa 的压力

2）当行李舱盖关闭时，行李舱照明灯处于_____。
　　A. 点亮状态　　　B. 熄灭状态　　　C. 不能够确定处于何种状态

3）用行李舱盖上的按钮开启行李舱时，能够工作的前提是_____。
　　A. 车辆处于防盗解除状态　　　B. 车辆处于防盗工作状态　　　C. 不能确定

4）不会引起车辆后部倾斜的原因是_____。
　　A. 载荷分布　　　B. 两侧轮胎气压差距过大　　　C. 油箱中燃油数量

## 四、训练结束后场地整理及授课总结（包含5S项目）

1）车辆后部行李舱盖归位及清洁。
2）车辆后部车灯清洁。
3）指导老师总结实训课题，布置课后实习报告。

## 五、实习报告

| 姓　名 | | 班　级 | | 实习日期 | |
|---|---|---|---|---|---|
| 训练项目题目 | | | | | |

主要实训内容记录：

1. 汽车油箱盖检查：

2. 后组合车灯及行李舱检查：

| 实训中疑难点的记录（等待老师解决） | |
|---|---|
| 教师评语 | |

# 作业任务 12

# 备用轮胎检查

## 【项目目标】

1. 掌握汽车备胎检查的操作方法。
2. 掌握汽车备胎轮圈检查的操作方法。

## 【训练前准备】

1. 常规准备工作（卫生清扫、场地安全认定、人数清点等）。
2. 上汽通用别克威朗 15S 进取型轿车一辆。
3. 轮胎气压表、轮胎沟槽深度尺各一只（包含清洁、校准及使用）。

### 一、教师示范讲解

#### （一）备用轮胎的类型

备用轮胎分为全尺寸轮胎和非全尺寸轮胎两种类型，非全尺寸轮胎与车辆上安装的轮胎型号不同，如图 12-1 所示。

非全尺寸备胎气压一般较高，威朗轿车备胎胎压为 420kPa；全尺寸轮胎备胎气压一般要求比标准轮胎气压高出 20% 左右。

#### （二）汽车备胎胎面检查

汽车是通过轮胎支撑在路面上的，轮胎的使用性能直接关系到汽车行驶的安全性，因此，进行汽车轮胎检查非常必要。

**1. 备胎胎面磨损状况检查**

1) 转动备胎一周，观察轮胎表面是否有异物嵌入，并清理；检查表面有无裂纹等损伤，如图 12-2 所示。

图 12-1 非全尺寸轮胎

图 12-2 备胎表面裂纹、异物嵌入等检查与清理

2) 轮胎表面磨损均匀程度检查。要求轮胎表面磨损均匀，无异常磨损。

✓ **知识点**：轮胎异常磨损，有锯齿状磨损（前轮前束调整不当）、单侧磨损（主销内倾角调整不当）、双肩磨损（轮胎长期气压过低行驶）、胎冠磨损（轮胎长期气压过高行驶）、根部磨损（轮毂变形、行驶摆动）等情况，如图12-3所示。

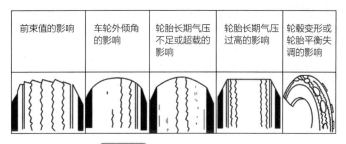

图12-3 轮胎表面不均匀磨损

**2. 备胎沟槽深度检查**

使用轮胎沟槽深度尺测量轮胎沟槽深度，标准为均匀在轮胎表面上间隔120°处，测量三个位置，每个位置测量三四个沟槽深度，记录最小值，如图12-4所示。

**3. 备胎气压检查**

用轮胎气压表检查轮胎气压，若轮胎气压不正常，应调整轮胎气压到标准值，如图12-5所示。

图12-4 轮胎沟槽深度测量

图12-5 轮胎气压检查与调整

✓ **知识点**：备胎气压要比正常使用的轮胎气压标准值高出20%左右。

**4. 充气嘴密封性检查**

拧下充气嘴保护帽，将肥皂水涂在充气嘴上，检查备胎充气嘴是否漏气，如图12-6所示，若无漏气，清洁充气嘴后，将充气嘴防护帽拧紧。

**5. 备胎轮圈检查**

检查轮胎钢圈内侧和外侧有无损坏及腐蚀，如图12-7所示。

## 二、学生训练

### （一）汽车备胎检查

训练时间：10min。

图 12-6 备胎充气嘴密封性检查

图 12-7 备胎钢圈损坏和腐蚀检查

训练过程：轮胎表面磨损状况检查、沟槽深度检查、气压检查与调整、充气嘴密封性检查等。

**（二）备胎轮圈检查**

训练时间：5min。

训练过程：备胎钢圈内侧和外侧损坏及腐蚀检查。

### 三、随堂练

【判断题】

1) 备胎不常用，没有必要进行定期检查与保养。（　　）
2) 用轮胎沟槽深度尺检查轮胎沟槽深度时，无须进行轮胎沟槽深度尺的校准，可直接测量。（　　）
3) 检查轮胎沟槽深度时，测量点应选在轮胎最低沟槽深度警示位置处。（　　）
4) 轮胎使用中，磨损程度已经到了轮胎最低沟槽深度警示位置时，必须更换轮胎。（　　）
5) 现代家用轿车一般使用高压轮胎。（　　）

【选择题】

1) 备胎气压要高出正常使用轮胎标准气压的_____。
   A. 20%　　　　B. 40%　　　　C. 60%

2) 用轮胎沟槽深度尺测量轮胎沟槽深度时，在轮胎表面间隔120°位置处测量，每个位置测量_____。
   A. 1个槽　　　B. 3个或4个槽　C. 5~7个槽

3) 用轮胎沟槽深度尺测量轮胎沟槽深度时，在轮胎表面间隔120°位置处测量，每个位置记录沟槽深度的_____，作为该处轮胎的沟槽深度。
   A. 最大值　　　B. 最小值　　　C. 平均值

4) 检查轮胎充气嘴是否漏气时，所用的液体为_____。
   A. 纯净水　　　B. 肥皂水　　　C. 矿泉水

5) 轮胎长期处于气压过高行驶，会造成轮胎出现_____。
   A. 胎冠磨损　　B. 胎肩磨损　　C. 轮胎单边磨损

## 四、训练结束后场地整理及授课总结（包含5S项目）

1）轮胎气压表、轮胎沟槽深度尺清洁及归位。
2）车辆备胎的清洁及归位。
3）指导老师总结实训课题，布置课后实习报告。

## 五、实习报告

| 姓　名 | | 班　级 | | 实习日期 | |
|---|---|---|---|---|---|
| 训练项目题目 | | | | | |

主要实训内容记录：

1. 汽车备胎检查：

2. 备胎轮圈检查：

| 实训中疑难点的记录（等待老师解决） | |
|---|---|
| 教师评语 | |

## 作业任务 13

## 空调制冷剂纯度、空调通风、冷却风扇检查

### 【项目目标】

1. 掌握汽车制冷剂纯度的检测操作方法。
2. 掌握汽车驾驶室内空调通风操作检验方法。

### 【训练前准备】

1. 常规准备工作（卫生清扫、场地安全认定、人数清点等）。
2. 上汽通用别克威朗 15S 进取型轿车一辆。
3. 制冷剂纯度仪一套、护目镜一只、防护手套一双。

### 一、教师示范讲解

#### （一）制冷剂纯度的检查

**1. 制冷剂纯度仪性能检查**

检查纯度仪滤芯是否脏污堵塞，压力表指示是否在零位，连接螺纹处是否正常，将检验管连接到制冷剂纯度仪上，如图 13-1 所示。

若制冷剂纯度仪性能正常，将仪器电源通电，进行检验前的预热工作。

**2. 海拔设定**

根据当地所处位置，设定海拔，单位为英尺（ft），如图 13-2 所示。

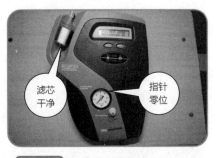

图 13-1 制冷剂纯度仪使用前的检查

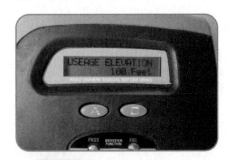

图 13-2 制冷剂纯度仪海拔设定

✓ **知识点：** 不同地域所处海拔不同，将对制冷剂的纯度测量值产生影响，通过网络查出当地所处位置的海拔（一般单位为 m），然后换算成英尺（ft），换算关系为 1ft＝0.3048m。

**3. 制冷剂纯度仪与低压管路的连接**

1) 安全防护：操作者要佩戴护目镜、防滑绝缘手套，如图 13-3 所示。

2) 对空调低压管路检验口进行清洁，然后拧下防护帽，将纯度仪管路连接到检测口上，同时观察制冷剂压力指示仪表是否正常，如图13-4所示。

图13-3 作业安全防护

图13-4 空调制冷剂压力指示检测

✔ **知识点：**

1）车用空调制冷剂目前有R12和R134a两种类型，由于R12（俗称氟利昂）对大气臭氧层有破坏作用，现在车用空调制冷剂一般选用R134a。

2）车用空调制冷剂型号及加注量在车辆发动机舱盖内侧或车辆前部的散热器盖板上，如图13-5所示。

### 4. 制冷剂纯度的读取

通过制冷剂纯度仪读出制冷剂含量，以R134a为例，最低标准R134a含量不小于96%，如图13-6所示。

图13-5 车用空调制冷剂型号及加注量

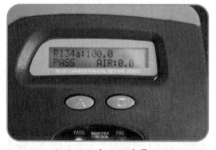
a) R134a和AIR含量

b) R12、R22和HC含量

图13-6 制冷剂纯度的读取

检验完制冷剂纯度后，拆下检测管路，将低压侧检测口处防尘帽安装到位。

### （二）空调通风状况的检查

#### 1. 鼓风机风速调节状况检查

起动发动机运行，开启空调开关，将鼓风机转速逐渐提升到最高档，观察显示屏上风速指示情况，应与调速档位同步，如图13-7所示。

图13-7 鼓风机风速调节检查

**2. 送风模式检查**

继续保持风速处于最大状态，转换风门位置调节按钮，在面部、脚部、前风窗玻璃除霜位置转换，观察显示屏上位置指示情况是否与控制按钮同步，检验各部位出风位置的变化，如图 13-8 所示。

a）面部送风模式

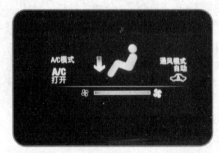

b）脚部送风模式

c）前风窗玻璃除霜模式

图 13-8 送风模式调节检验

**3. 内外循环转换检查**

按动空气内循环转换开关，确认送风模式由外循环状态转换为内循环状态，内循环指示灯点亮，如图 13-9 所示。

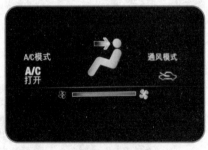

a）外循环通风模式

b）内循环通风模式

图 13-9 送风模式内外循环转换检验

### （三）空调压缩机和冷却风扇检查

**1. 空调压缩机离合器工作状况检查**

保持空调制冷运行状态，观察空调压缩机离合器是否处于接合状态，如图 13-10 所示。

**2. 冷却风扇工作状况检查**

继续保持空调制冷运行状态，观察冷却风扇是否转动，如图 13-11 所示。

图 13-10　空调压缩机工作状态检查　　　　图 13-11　冷却风扇工作状况检查

✓ **知识点**：空调压缩机运行时，冷却风扇应该转动，以便将冷凝器内的热量散失，但对于电子控制式冷却风扇，不一定空调压缩机运行，冷却风扇就一定转动。

## 二、学生训练

### （一）制冷剂纯度检查

训练时间：10min。

训练过程：制冷剂纯度仪使用、制冷剂纯度仪连接和纯度仪正确读数等。

### （二）空调通风状况检查

训练时间：10min。

训练过程：鼓风机风速调节检查、送风模式检查和内外循环检查等。

### （三）空调压缩机和冷却风扇检查

空调压缩机工作状况检查和冷却风扇检查等。

## 三、随堂练

【判断题】

1）制冷剂纯度仪滤芯堵塞，不会影响到检测结果。　　　　　　　　　　（　　）
2）制冷剂纯度仪应该连接到汽车空调制冷剂循环管路的高压侧。　　　　（　　）
3）制冷剂纯度检验应该在发动机运转，空调处于工作状态下进行。　　　（　　）
4）目前汽车空调制冷剂广泛使用 R12。　　　　　　　　　　　　　　　（　　）
5）汽车空调制冷剂纯度大于 95% 属于正常使用范围。　　　　　　　　（　　）

【选择题】

1）操作空调制冷剂纯度仪时，应该根据_____进行调节。

　　A. 海拔　　　　B. 大气压力　　　　C. 环境温度

2）轿车空调制冷剂型号及加注量标注在_____。

　　A. 空调压缩机上　B. 车身左侧 B 柱处　C. 车辆发动机舱盖内侧或车前部散热器盖板上

3）汽车空调制冷剂纯度应该为_____。

　　A. >98%　　　　B. >96%　　　　C. >94%

4）汽车空调压缩机工作时，电子控制式冷却风扇_____。

　　A. 一定转动　　　B. 不转动　　　C. 不一定转动

### 四、训练结束后场地整理及授课总结（包含5S项目）

1）制冷剂纯度仪、工具归位。

2）指导老师总结实训课题，布置课后实习报告。

### 五、实习报告

| 姓　名 | | 班　级 | | 实习日期 | |
|---|---|---|---|---|---|
| 训练项目题目 | | | | | |

主要实训内容记录：

1. 制冷剂纯度的检验操作：

2. 冷却风扇工作状况检验：

| 实训中疑难点的记录（等待老师解决） | |
|---|---|
| 教师评语 | |

## 作业任务 14

# 发动机、变速器、散热器泄漏检查

## 【项目目标】

1. 掌握车辆由"工位一"举升到"工位二"的安全操作方法。
2. 掌握发动机、底盘泄漏检查等操作方法。

## 【训练前准备】

1. 常规准备工作（卫生清扫、场地安全认定、人数清点等）。
2. 上汽通用威朗 15S 进取型轿车一辆、剪式举升机一台。
3. 手电筒一只、防滑手套一双、安全帽一顶。

### 一、教师示范讲解

**（一）车辆由"工位一"举升到"工位二"的安全操作**

1) 车辆举升前，首先观察车辆所处举升机上方的位置，应无妨碍车辆举升的障碍，并确认车辆可以安全举升，如图 14-1 所示。

2) 先将垫块置于剪式举升机托板上，然后调整垫块位置，使其位于车辆底部规定的顶起记号处，确保车辆顶起时的安全、稳定，如图 14-2 所示。

图 14-1 车辆举升前的安全确认

图 14-2 车辆顶起位置确认

3) 举起车辆离开地面适当高度，确认车辆在举升机上稳定性良好，如图 14-3 所示。

4) 车辆举升到最高位置，确保车下作业顺利实施，并确认举升机锁止装置安全到位，如图 14-4 所示。

5) 确认车下作业安全，并清洁地面，确保良好的作业环境，如图 14-5 所示。

**（二）发动机、变速器及散热器泄漏检查**

**1. 发动机泄漏检查**

手电筒照明，仔细检查机油滤清器、油底壳上的机油排放塞是否有泄漏，如图 14-6 所示。

图 14-3 车辆举升稳定性确认

图 14-4 车辆最高举升位置

图 14-5 作业前车下安全确认和场地清洁

图 14-6 机油滤清器、排放塞处的泄漏状况检查

手电筒照明,从发动机前后、左右四个方向检查发动机是否存在泄漏。

**2. 变速器泄漏状况检查**

1)确认变速器底部没有泄漏,重点检查变速器两端传动轴输出端油封有无渗漏,如图 14-7 所示。

2)检查变速器与变速器油液散热器连接管路有无油液渗漏,如图 14-8 所示。

图 14-7 变速器传动轴输出端油封渗漏检查

图 14-8 变速器油液散热器连接管路渗漏检查

**3. 散热器泄漏检查**

1)确认散热器与发动机连接管路(进水管路、出水管路)无冷却液泄漏,如图 14-9 所示。

2)确认散热器放水开关处无冷却液泄漏,如图 4-10 所示。

3)确认最前端的空调冷凝器接头处无泄漏,如图 14-11 所示。

图 14-9 散热器管路无泄漏

图 14-10 散热器放水开关泄漏状况检查

图 14-11 冷凝器泄漏状况检查

## 二、学生训练

**(一) 车辆由"工位一"举升到"工位二"的安全操作**

训练时间：10min。

训练过程：两人配合，完成举升机的安全操作，将车辆由"工位一"举升到"工位二"。

**(二) 泄漏状况检查**

训练时间：10min。

训练过程：发动机泄漏检查、变速器泄漏检查、散热器泄漏检查。

## 三、随堂练

【判断题】

1) 车辆举升前一定要确认举升机安全状况处于良好状态。　　　　　　　　　　　　（　　）
2) 汽车行驶里程不到发动机更换机油的规定里程，但更换机油间隔已经超过 6 个月，此时，必须更换机油。　　　　　　　　　　　　　　　　　　　　　　　　　　　　（　　）
3) 车下作业一定要戴手套，防止被高温机件（如散热器）烫伤。　　　　　　　　（　　）
4) "工位二"中车辆被举升到最高位置，以使操作人员在车下站立作业。　　　　（　　）
5) 车下作业由于存在照明不足，必要时配备手电筒照明。　　　　　　　　　　　（　　）

## 四、训练结束后场地整理及授课总结（包含5S项目）

1) 举升机操作平台清洁和归位。
2) 指导老师总结实训课题，布置课后实习报告。

## 五、实习报告

| 姓　名 |  | 班级 |  | 实习日期 |  |
|---|---|---|---|---|---|
| 训练项目题目 |  |  |  |  |  |

主要实训内容记录：
1. 车辆由"工位一"举升到"工位二"的安全操作：
2. 发动机泄漏状况检查：
3. 变速器泄漏状况检查：
4. 散热器泄漏状况检查

| 实训中疑难点的记录（等待老师解决） |  |
|---|---|
| 教师评语 |  |

## 作业任务 15

# 机油排放、滤清器更换

## 【项目目标】

1. 掌握机油收集器使用前的检查操作方法。
2. 掌握机油排放、滤清器更换等操作方法。

## 【训练前准备】

1. 常规准备工作（卫生清扫、场地安全认定、人数清点等）。
2. 上汽通用别克威朗 15S 进取型轿车一部。
3. 手电筒一只、防滑手套一双、机油收集器一台、机油滤清器拆装专用工具一套。

### 一、教师示范讲解

（一）机油器使用前检验

**1. 机油量确认**

检查机油收集器上的油量刻度线，确认在允许的范围内，必要时排出废机油，如图 15-1 所示。

**2. 工作状态调整**

确认收集器上的所有开关均处于开启状态，避免出现油液外溢，如图 15-2 所示。

图 15-1 机油收集器存油量确认

图 15-2 机油收集器上的开关状态确认

（二）机油排放

1）将机油排放塞拆下，用机油收集器收集废机油，如图 15-3 所示。

✔ 注意：

① 热车排放机油时，由于机油温度很高（90～110℃），拧下机油排放塞时，要特别小心。
② 拧下油底壳机油排放塞时，不能戴手套操作，避免发生烫伤。

2）检查排放塞上的磁性垫片是否吸附了金属屑，并清理排放塞，更换新密封垫片；若密封垫片黏附在油底壳上，等机油排放完毕后再取下。

3）机油排放干净后，按规定力矩拧紧排放塞，如图15-4所示，并将放油螺塞清洁干净。

图15-3　机油排放　　　　　　图15-4　机油排放塞安装

✔ **知识点**：若机油排放塞磁性垫片上吸附了金属屑，说明发动机存在金属磨损，应对发动机机械系统进行检修。

### （三）机油滤清器更换

1）用专用工具将滤清器拆下，取出新的机油滤清器，进行新旧滤芯的比对，确保新旧滤芯规格和型号完全一致，如图15-5所示。

2）检查新滤芯机油密封圈情况，然后在机油密封圈上涂抹新机油。

✔ **注意**：

① 有些机油滤清器密封圈上已涂上了专用润滑脂，这种滤芯没有必要再涂机油。

② 新滤芯涂抹机油之前，一定要确认机油的型号和级别是否与维修手册上规定的相吻合，若不同应予以调换，如图15-6所示。

图15-5　机油滤清器新旧比对　　　　　　图15-6　机油型号和级别的确认

③ 上汽通用别克威朗15S发动机所有机油型号和级别为5W/30、SN。

3）将滤清器安装底座清理干净，用一只手的力量将滤清器拧靠在底座上，使密封圈与底座接触良好，切勿用双手拧靠，如图15-7所示。

4）用专用工具将滤清器拧紧3/4圈即可，如图15-8所示。

✔ **注意**：机油排放塞、机油滤清器安装完毕后，一定要将其外表清洁干净，以便检查更换机油后是否渗漏。

图 15-7 机油滤清器单手拧靠

图 15-8 机油滤清器安装

## 二、学生训练

**(一) 机油收集器使用前检查**

训练时间：5min。

训练过程：机油量刻度检查、开关使用情况检查。

**(二) 机油排放塞安装**

训练时间：5min。

训练过程：排放塞拆下、密封垫片检验、排放塞安装等。

**(三) 机油滤清器安装**

训练时间：5min。

训练过程：滤清器拆下、使用前新旧比对、滤清器安装等。

## 三、随堂练

【判断题】

1）机油和滤清器按规定的保养周期同时更换。（　　）
2）机油收集器使用时要注意油液液位，避免接油时由于液面过高而造成外溢。（　　）
3）为了防止使用中机油滤清器漏油，机油滤清器安装得越紧越好。（　　）
4）机油排放塞上吸附金属屑，说明发动机存在机械磨损，应及时进行发动机机械系统检修。（　　）
5）机油排放塞、机油滤清器安装完毕后，将其清洁干净，是为了便于观察发动机是否存在机油渗漏。（　　）

【选择题】

1）发动机排放机油的最佳状态为_____。
　　A. 机油热态　　B. 机油冷态　　C. 油温在 50~60℃ 时

2）更换机油滤清器时，将滤清器安装底座清理干净，用手拧上滤清器，使密封圈与底座接触良好，然后，用专用工具将滤清器拧紧_____即可。
　　A. 1/2 圈　　B. 2/3 圈　　C. 3/4 圈

3）若汽车工作环境较为恶劣，更换机油的周期_____。
　　A. 必须按照规定保养周期进行
　　B. 可以提前

C. 可以只换机油，不换滤清器

4）有些机油滤清器密封圈上已涂上了专用润滑脂，这种滤芯没有必要再涂机油，你的判断应该是_____。

　　A. 正确　　　　　B. 不正确　　　　C. 不能确定

### 四、训练结束后场地整理及授课总结（包含5S项目）

1）手电筒、机油滤清器拆装专用工具的清洁和归位。
2）机油收集器的清洁和废弃物的分类存放。
3）指导老师总结实训课题，布置课后实习报告。

### 五、实习报告

| 姓　名 | | 班　级 | | 实习日期 | |
|---|---|---|---|---|---|
| 训练项目题目 | | | | | |

主要实训内容记录：

1. 机油收集器使用状况检查：

2. 机油排放、滤清器更换：

| | |
|---|---|
| 实训中疑难点的记录（等待老师解决） | |
| 教师评语 | |

## 作业任务 16

# 制动管路、燃油管路检查

## 【项目目标】

1. 掌握制动管路检查的操作方法。
2. 掌握燃油管路检查的操作方法。

## 【训练前准备】

1. 常规准备工作（卫生清扫、场地安全认定、人数清点等）。
2. 上汽通用别克威朗 15S 进取型轿车一辆。
3. 检查用手电筒一只、普通手套一双、安全防护用品一套。

### 一、教师示范讲解

#### （一）制动管路检查

液压式制动管路将制动主缸的制动能量通过液压油传到制动轮缸上，起到能量传递介质通道的作用。

**1. 制动总管路检查**

检查制动总管路是否牢固安装在车辆底部，并确保制动管路上无压痕，如图 16-1 所示。

**2. 车辆前部左右两侧制动管路检查**

（1）车辆前部制动管路泄漏状况检查

主要检查车辆前部左右两侧制动管与制动软管接头处、制动软管与制动轮缸接头处是否存在泄漏，如图 16-2 所示。

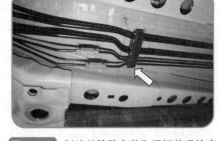

图 16-1 制动总管路安装和损坏状况检查

（2）前部左右两侧制动软管使用状况检查

主要检查车辆前部左右两侧制动软管是否存在扭曲、裂纹、凸起等损伤，如图 16-3 所示。

图 16-2 车辆前部制动管路泄漏状况检查

图 16-3 车辆前部制动软管使用状况检查

**3. 车辆后部制动管路检查**

车辆后部左右两侧制动软管应无扭曲、裂纹、凸起等损伤，接头处无渗漏，如图16-4所示。

**4. 制动软管安装状况检查**

（1）车辆前部制动软管安装状况检查

将前轮转到两侧转向极限位置，确认车辆左、右两侧制动软管不会因振动而与车轮或车身接触，如图16-5所示。

图16-4 车辆后部制动软管渗漏情况检查

（2）车辆后部制动软管安装状况检查

确认车辆后部制动软管在悬架上下动作时，不会与车身或后悬架接触，如图16-6所示。

图16-5 车辆前部制动软管安装状况检查

图16-6 车辆后部制动软管安装状况检查

**（二）燃油管路检查**

**1. 燃油管路安装和损坏状况检查**

检查燃油管路是否牢固安装在车辆底部，并确保燃油管路上无压痕，如图16-7所示。

**2. 燃油管路渗漏状况检查**

检查燃油管路与油箱接头处是否存在渗漏，燃油管路与发动机燃油供油轨连接器处是否存在渗漏，如图16-8所示。

图16-7 燃油管路安装和损坏状况检查

图16-8 燃油管路渗漏状况检查

**3. 加油管连接状况检查**

检查加油管与油箱连接的软管是否存在老化、渗漏等状况，如图16-9所示。

## 二、学生训练

### （一）制动管路检查

训练时间：5min。

训练过程：制动管路渗漏状况、安装状况、损伤状况等检查。

### （二）燃油管路检查

训练时间：5min。

图 16-9　加油管与油箱连接处软管检查

训练过程：燃油管路渗漏状况、安装状况、损伤状况等检查。

## 三、随堂练

【判断题】

1）制动轮缸密封皮碗渗漏制动液，是由制动管路安装状况不良引起的。　　（　）
2）制动软管允许有轻微的开裂、隆起等损伤。　　（　）
3）当制动管路上出现明显的压痕时，一定要更换制动管路。　　（　）
4）燃油管路和制动管路渗漏的检查，主要集中在管路与软管相连接的接头处。　　（　）
5）一般情况下，车下燃油管路和制动管路都是固定在一起排列的，管道直径较细的为燃油管路。　　（　）

## 四、训练结束后场地整理及授课总结（包含5S项目）

1）常用工具清洁及归位。
2）指导老师总结实训课题，布置课后实习报告。

## 五、实习报告

| 姓　名 | | 班　级 | | 实习日期 | |
|---|---|---|---|---|---|
| 训练项目题目 | | | | | |

主要实训内容记录：

1. 制动管路检查：

2. 燃油管路检查：

| 实训中疑难点的记录（等待老师解决） | |
|---|---|
| 教师评语 | |

# 作业任务 17

## 排气管路检查

## 【项目目标】

1. 掌握排气管及消声器使用状况检查的操作方法。
2. 掌握排气管及消声器安装状况检查的操作方法。

## 【训练前准备】

1. 常规准备工作（卫生清扫、场地安全认定、人数清点等）。
2. 检查用手电筒一只、普通手套一双。
3. 上汽通用别克威朗 15S 进取型轿车一辆。

### 一、教师示范讲解

#### （一）排气管及消声器使用状况检查

1）检查排气管是否存在渗漏或损坏，如图 17-1 所示。

2）检查三元催化器与中间消声器之间的软连接过渡部分有无损坏，如图 17-2 所示。

3）检查中消声器是否存在渗漏或损坏，渗漏的检查主要集中在焊接连接处的翻边位置，如图 17-3 所示。

图 17-1 排气管渗漏或损坏检查

图 17-2 前消声器管路软连接部分状况检查

图 17-3 中消声器焊接连接处翻边检查

4）检查后消声器是否存在渗漏或损坏，渗漏的检查主要集中在焊接连接处的翻边位置，如图 17-4 所示。

5）检查排气管与发动机排气歧管接口处垫片是否存在渗漏，后消声器与排气管接口处垫片是否存在渗漏，如图 17-5 所示。

图17-4 后消声器焊接连接处翻边检查　　图17-5 排气管密封垫片损坏状况检查

✓ **知识点**：排气管渗漏出现在排气管、消声器的焊接连接翻边处等部位，废气渗漏表现为炭黑从连接部位渗出。

✓ **注意**：为防止排气系统过热伤人，检查排气管和安装件时，要戴手套操作。

**（二）排气管安装状况检查**

1）检查前部排气管及消声器吊挂密封圈是否存在损坏或脱离，如图17-6所示。
2）检查后部排气管及消声器吊挂密封圈是否存在损坏或脱离，如图17-7所示。

图17-6 前部排气管及消声器安装状况检查　　图17-7 后部排气管及消声器安装状况检查

## 二、学生训练

**（一）排气管及消声器使用状况检查**

训练时间：5min。

训练过程：排气管及消声器渗漏、损坏等检查。

**（二）排气管安装状况检查**

训练时间：5min。

训练过程：排气管安装状况检查。

## 三、随堂练

【判断题】

1）后消声器渗漏，会直接影响到发动机的工作性能。（　　）
2）排气管路上与发动机排气歧管相邻最近的部件总成为三元催化装置。（　　）
3）若发动机只有一个氧传感器，一定安装在三元催化装置之后。（　　）
4）排气管与消声器组成的排气组件，通过O形密封圈吊装在车下，实现了该组件与发动机

和底盘间的软连接。　　　　　　　　　　　　　　　　　　　（　　）
5）检查排气管及安装件时，操作人员一定要戴手套作业。　（　　）

### 四、训练结束后场地整理及授课总结（包含5S项目）

1）工具清洁及归位。
2）指导老师总结实训课题，布置课后实习报告。

### 五、实习报告

| 姓　名 | | 班　级 | | 实习日期 | |
|---|---|---|---|---|---|
| 训练项目题目 | | | | | |

主要实训内容记录：

1. 排气管及消声器使用状况检查：

2. 排气管安装状况检查：

| 实训中疑难点的记录（等待老师解决） | |
|---|---|
| 教师评语 | |

## 作业任务 18

## 驱动轴护套、转向连接机构检查

【项目目标】

1. 掌握车辆驱动轴护套检查的操作方法。
2. 掌握车辆转向连接机构检查的操作方法。

【训练前准备】

1. 常规准备工作（卫生清扫、场地安全认定、人数清点等）。
2. 常用工具一套，手电筒一只、普通手套一双。
3. 上汽通用别克威朗 15S 进取型轿车一辆。

### 一、教师示范讲解

#### （一）驱动轴护套检查

现代轿车前轴一般为转向驱动轴，中间通过等速万向节连接，确保了半轴等速传递。万向节又通过润滑脂润滑，驱动轴防护套确保润滑脂不外泄，起到保护万向节的作用。

**1. 车辆右侧驱动轴护套检查**

1）用力将右侧车轮逆时针转动到极限位置，如图 18-1 所示，转动车轮一周，用手电筒照明完成检查项目。

2）检查驱动轴外侧护套是否有裂纹、破损，润滑脂是否渗漏，护套卡箍是否安装在正确位置、有无损伤，如图 18-2 所示。

3）检查驱动轴内侧护套是否有裂纹、破损，润滑脂是否渗漏，护套卡箍是否安装在正确位置、有无损伤，如图 18-3 所示。

图 18-1 检查右侧驱动轴护套时车轮位置

图 18-2 驱动轴外侧护套检查

图 18-3 驱动轴内侧护套检查

**2. 车辆左侧驱动轴护套检查**

用力将左侧车轮顺时针转动到极限位置，转动车轮一周，用手电筒照明完成检查项目，操作程序与车轮右侧驱动轴护套检查相同。检查完毕后，恢复前轮位置保持车辆直行状态。

✓ 知识点：

1）轿车一般前轮为转向驱动轮，驱动轮毂与差速器之间通过半轴相连接，半轴两端为等速万向节，该万向节是通过专用润滑脂实现润滑的，驱动轴护套的作用是防止外部灰尘和水分等杂质进入万向节。若护套损伤，必定会引起万向节的异常磨损，直接影响到汽车传动系统性能。

2）仔细观察左右两侧的传动轴，由于车辆设计原因，变速器位于车辆前端的左侧，左侧传动轴"细而短"，右侧传动轴"粗而长"，这样确保了车辆急加速时两端车轮得到相同的加速度，避免出现车辆前端摆头现象。

**（二）转向连接机构检查**

**1. 车辆左侧转向连接机构检查**

1）用手握紧横拉杆接近球头总成部位，上下左右摇晃，检查是否存在转向连接机构松动或摆动的情况，同时检查横拉杆是否存在变形或其他损伤，检查前束调整锁紧固定螺母是否有松动，如图18-4所示。

2）检查横拉杆球头总成护套是否破损、漏油，螺母上端的开口销是否齐全、到位，如图18-5所示。

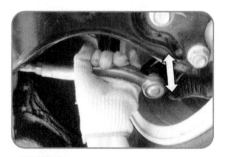
图18-4 车辆左侧转向连接机构检查

图18-5 球头总成护套及横拉杆衬套检查

3）检查横拉杆调整机构锁紧螺母是否固定良好，如图18-6所示。

**2. 车辆左侧转向连接机构检查**

与车辆右侧转向连接机构检查相同。

✓ 知识点：转向机和转向节通过转向连接机构连接在一起，转向连接机构变形，会影响到前轮定位；转向节球头间隙过大，会引起转向盘自由行程过大，影响到转向操纵性能。

图18-6 横拉杆调整机构锁紧螺母是否固定良好

**二、学生训练**

**（一）驱动轴护套检查操作**

训练时间：5min。

训练过程：车辆左侧驱动轴护套检查、车辆右侧驱动轴护套检查。

### (二) 转向连接机构检查

训练时间：5min。

训练过程：车辆左侧转向传动机构检查、车辆右侧转向传动机构检查。

## 三、随堂练

【判断题】

1) 转向驱动轮半轴使用的万向节为十字轴式不等速万向节。（　　）
2) 驱动轴护套损伤后，会引起漏油、灰尘和水分等杂质进入万向节，引起万向节出现异常磨损。（　　）
3) 驱动轴护套使用齿轮油进行润滑。（　　）
4) 转向连接机构球头间隙过大，不会引起转向盘自由行程过大。（　　）
5) 转向连接机构变形，会直接影响到车辆前轮定位。（　　）

## 四、训练结束后场地整理及授课总结（包含5S项目）

1) 手电筒清洁及归位。
2) 指导老师总结实训课题，布置课后实习报告。

## 五、实习报告

| 姓　名 | | 班　级 | | 实习日期 | |
|---|---|---|---|---|---|
| 训练项目题目 | | | | | |

主要实训内容记录：

1. 驱动轴护套检查：

2. 转向连接机构检查：

| 实训中疑难点的记录（等待老师解决） | |
|---|---|
| 教师评语 | |

# 作业任务 19

## 前、后悬架检查

【项目目标】

1. 掌握前悬架使用状况检查的操作方法。
2. 掌握后悬架使用状况检查的操作方法。

【训练前准备】

1. 常规准备工作（卫生清扫、场地安全认定、人数清点等）。
2. 常用工具一套，手电筒一只、普通手套一双。
3. 上汽通用别克威朗15S进取型轿车一辆。

## 一、教师示范讲解

### （一）前悬架使用状况检查

别克威朗15S进取型轿车前悬架为麦弗逊式独立悬架，主要部件组成如图19-1所示。

1) 检查左右两侧减振器是否存在泄漏和损坏，如图19-2所示。

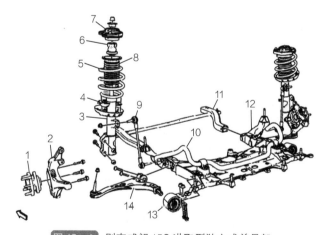

图19-1 别克威朗15S进取型独立式前悬架

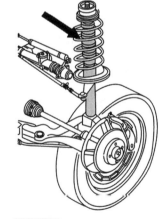

图19-2 减振器使用状况检查

1—前轮轴承和轮毂总成 2—转向节 3—减振器 4—前弹簧下隔垫块
5—前弹簧 6—前悬架滑柱缓冲块 7—前滑柱支座 8—前滑柱护套
9—前稳定杆连杆 10—前稳定杆 11—前悬架加长件 12—前悬架支架
13—前下控臂后衬套 14—前下控制臂

2) 检查左右两侧螺旋弹簧是否损坏，如图19-3所示。
3) 检查左右两侧转向节是否损坏，如图19-4所示。
4) 检查转向节下臂是否损坏，如图19-5所示。
5) 检查稳定杆与左右两端悬架连接状况，检查稳定杆是否损坏，如图19-6所示。

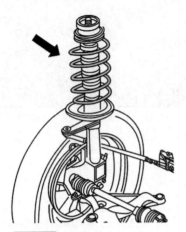

图19-3 螺旋弹簧使用状况检查

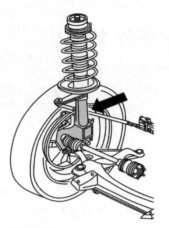

图19-4 转向节使用状况检查

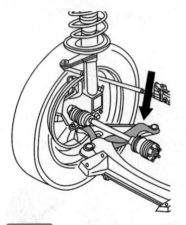

图19-5 转向节下臂使用状况检查

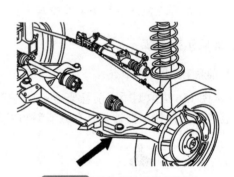

图19-6 稳定杆使用状况检查

### 知识点：稳定杆的作用

1) 稳定杆实质为连接车辆两端左右悬架的扭杆弹簧，当车辆直线行驶时，重心位于稳定杆的中间位置，稳定杆不起作用。

2) 当车辆转弯时，由于离心力的作用，使车辆重心发生横向偏移，导致前轮一边下沉，另一边提升，出现车辆两端高度不等，引起横向不稳定，车辆有发生侧滑的趋势，如图19-7所示。

3) 当车辆转弯时，由于施加了稳定杆，车辆两端高度变化，拉伸稳定杆（即扭杆弹簧），扭杆弹簧反过来施加相反的弹力，使车辆高端有向下拉的趋势，低端有向上抬的趋势，确保了转弯时重心更少地发生偏移，增加了横向稳定性，减少车辆侧滑趋势。

图19-7 稳定杆作用示意图

### （二）后悬架使用状况检查

别克威朗15S进取型轿车后悬架为改进型拖曳式非独立悬架，如图19-8所示。

1) 检查左右两侧减振器是否存在泄漏和损坏，如图19-9所示。

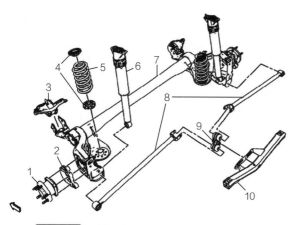

图 19-8 别克威朗 15S 进取型非独立式后悬架

1—后轮轴承和轮毂总成 2—后制动钳托架 3—后桥托架总成 4—后弹簧隔振垫 5—后弹簧 6—后减振器 7—后桥 8—后悬架门闩连杆 9—中心枢轴球节 10—平衡梁支架

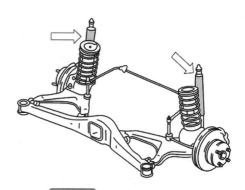

图 19-9 减振器使用状况检查

2）检查左右两侧螺旋弹簧是否损坏，如图 19-10 所示。

3）检查稳定杆是否损坏，如图 19-11 所示。

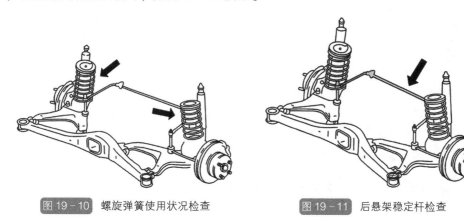

图 19-10 螺旋弹簧使用状况检查

图 19-11 后悬架稳定杆检查

4）检查拖臂和后桥是否损坏，如图 19-12 所示。

**知识点：常用轿车后悬架类型**

①非独立扭力梁式结构（图 19-13）、②非独立四连杆式结构（图 19-14）、③独立式半拖臂结构（图 19-15）。

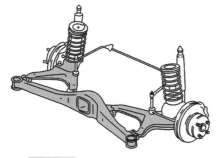

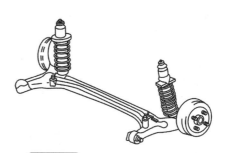

图 19-12 后悬架拖臂和后桥检查

图 19-13 非独立扭力梁式后悬架

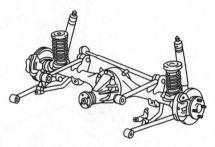
图 19-14 非独立四连杆式后悬架

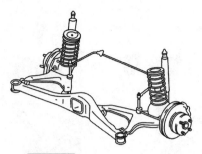
图 19-15 独立式半拖臂后悬架

## 二、学生训练

**（一）前悬架使用状况检查**

训练时间：10min。

训练过程：左右两侧悬架检查、稳定杆检查。

**（二）后悬架使用状况检查**

训练时间：10min。

训练过程：减振器检查、稳定杆检查、拖臂和后桥检查。

## 三、随堂练

【判断题】

1）家用轿车一般使用非独立式前悬架。　　　　　　　　　　　　　　　（　）
2）汽车直线行驶速度越快，稳定杆发挥的作用就越大。　　　　　　　　（　）
3）车辆转弯时，由于重心沿横向发生偏移，易引起车辆发生横向侧滑。　（　）
4）中低档轿车后悬架多采用非独立扭力梁式结构。　　　　　　　　　　（　）
5）前稳定杆实质上是连接在车辆前悬架之间、固定在车辆前端底部的扭杆弹簧。（　）

## 四、训练结束后场地整理及授课总结（包含5S项目）

1）车辆清洁归位，常用工具归位。
2）指导老师总结实训课题，布置课后实习报告。

## 五、实习报告

| 姓　　名 | | 班　级 | | 实习日期 | |
|---|---|---|---|---|---|
| 训练项目题目 | | | | | |

主要实训内容记录：

1. 前悬架使用状况检查：

2. 后悬架使用状况检查：

| 实训中疑难点的记录<br>（等待老师解决） | |
|---|---|
| 教师评语 | |

## 作业任务 20

# 机油加注、滤清器更换（保养）

## 【项目目标】

1. 掌握机油加注的操作方法。
2. 掌握空气滤清器、空调滤清器更换（保养）的操作方法。

## 【训练前准备】

1. 常规准备工作（卫生清扫、场地安全认定、人数清点等）。
2. 上汽通用别克威朗 15S 自动进取型轿车一辆。
3. 常用工具一套，别克威朗空气滤芯一只，空调滤芯一只。

### 一、教师示范讲解

#### （一）车辆由"工位二"下降到"工位三"的安全操作

1）车辆降落前，首先观察车辆所处举升机下方是否有影响操作的安全因素，确认无误后进行举升机操作，如图 20-1 所示。

2）车辆下降到车轮已接触地面，但举升机仍然托举车辆起作用的位置，即处于半联动状态，此状态下车辆在举升机上的位置不会移动，安装车轮挡块，将变速杆档位置于 P 位，施加驻车制动。

图 20-1 车辆下降前的安全确认

#### （二）机油加注

在汽车维护与保养作业中，机油及机油滤清器的更换是同步进行的，是汽车定期维护与保养的主要作业项目。

1）查阅车辆维修资料，确定机油的加注量、型号和等级，如图 20-2 所示。

9.3.1.7 近似油液容量

近似油液容量

| 应用 | 规格 | |
|---|---|---|
| | 公制 | 美制 |
| 发动机冷却系统容量 | | |
| 1.5升（L3G） | 4.4升 | 4.65夸脱 |
| 1.5升（LFV） | 5.2升 | 5.49夸脱 |
| 发动机机油容量 | 4升 | 4.23夸脱 |
| 燃油箱容量 | 52升 | 54.95夸脱 |

图 20-2 确认维修资料上所需机油的相关信息

9-138　发动机控制系统和燃油系统—1.0升（L50 LE1 LWT）、1.1升　　　发动机/推进系统
（LVG）、1.4升（LE2 LEX LV7）或1.5升（L3A L3G LFV）

**9.3.1.8 粘合剂、油液、润滑剂和密封胶**

粘合剂、油液、润滑剂和密封胶

| 应用 | 材料类型 | GM零件号 |
| --- | --- | --- |
| 螺栓连接 | 螺纹锁固剂 | 参见"电子零件目录" |
| 发动机机油 | 5-W30 | 参见"电子零件目录" |
| 氧传感器 | 装配胶 | 参见"电子零件目录" |
| 密封圈 | 硅润滑脂 | 参见"电子零件目录" |

图20-2　确认维修资料上所需机油的相关信息（续）

2）选择满足车辆所需的机油，机油型号为5W/30，机油等级为全合成SN，数量为4L，如图20-3所示。

3）拧下发动机上的机油加注盖，仔细清洁机油加注口的两侧和机油加注盖，如图20-4所示。

图20-3　加注机油的选用

图20-4　机油加注盖的清洁

4）在机油加注口下铺上垫布，以防加注时机油溅出，按规定量加注机油，如图20-5所示。

✓ **注释**：上汽通用别克威朗15S自动进取型轿车机油标准加注量为4L，实际加注量为3.4~3.6L。

5）适当加注机油后，用机油尺标定机油的实际加注量，应在规定的刻度范围内，加注完毕后，拧紧机油加注盖，用垫布清理机油加注盖，如图20-6所示。

图20-5　机油加注

图20-6　初次加注机油后加注量的标定

**（三）空气滤清器更换（保养）**

1）用十字螺钉旋具分两次将空气滤清器总成上盖的固定螺栓松开，松开连接滤清器总成进气软管的固定卡子，取出空气滤清器滤芯，如图20-7所示。

2）检查维修记录，确定上次空气滤芯更换的时间，若滤清器滤芯不到更换周期

（10000km），且滤芯无破裂、积聚灰尘较少，就用高压气体按空气进入发动机的反方向清理滤芯上的污垢，干净后再安装到位，如图20-8所示。

图20-7 拆下空气滤清器滤芯

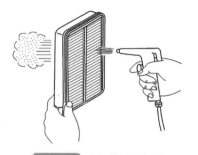
图20-8 空气滤清器保养

3）若更换空气滤芯，在更换前要进行新旧滤芯的比对，确保更换到位的滤芯型号与规格完全满足需求，如图20-9所示。

4）安装新滤芯前，一定要对空气滤清器总成内的接口等位置进行清洁，如图20-10所示。

图20-9 更换空气滤芯时的新旧比对

图20-10 空气滤清器内的清洁

5）安装新滤芯时，一定要确认空气滤清器在内部安装到位。

6）分两次将空气滤清器上盖拧紧到位，并确认进气软管连接良好，如图20-11所示。

**（四）空调滤清器更换（保养）**

1）打开并拆下前排乘客位置的储物盒，如图20-12所示。

2）取下旧空调滤芯，如图20-13所示，比对并确认新旧滤芯完全相同后，按滤芯上的标记方向装入新滤芯，更换（保养）工艺与空气滤清器操作相同。

图20-11 空气滤清器上盖的均匀紧固

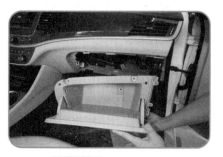
图20-12 拆下储物盒

图20-13 空调滤清器滤芯更换

3）安装储物盒，更换工作结束。

✓ **知识点**：空调滤芯是在空调系统外循环工作状态下，对来自车辆外部的进气进行过滤，因此当外部空气环境较为恶劣时，应该缩短空调滤芯的更换周期（20000km）。

## 二、学生训练

### （一）机油加注操作

训练时间：5min。

训练过程：机油型号及级别确认、机油加注、加油量检测。

### （二）滤芯更换

训练时间：10min。

训练过程：空气滤芯更换、空调滤芯更换。

## 三、随堂练

【判断题】

1）发动机加注机油以厂家规定型号为准。　　　　　　　　　　　　　　　　　（　　）
2）干式纸质空气滤清器保养时，可用高压气体按空气进入方向清理滤芯。　　　（　　）
3）机油和机油滤清器一般同时更换。　　　　　　　　　　　　　　　　　　　（　　）
4）拆开空气滤清器总成时，连接上盖的螺钉应该分两次松开。　　　　　　　　（　　）
5）空调滤清器滤芯的更换周期一般为20000km。　　　　　　　　　　　　　　 （　　）

## 四、训练结束后场地整理及授课总结（包含5S项目）

1）空气滤清器、空调滤清器更换及废料的分类处理。
2）扭力扳手、套筒扳手的清洁归位。
3）指导老师总结实训课题，布置课后实习报告。

## 五、实习报告

| 姓　　名 | | 班　级 | | 实习日期 | |
|---|---|---|---|---|---|
| 训练项目题目 | | | | | |

主要实训内容记录：

1. 机油加注：

2. 空气滤清器及空调滤清器滤芯更换：

| 实训中疑难点的记录（等待老师解决） | |
|---|---|
| 教师评语 | |

## 作业任务 21

# 制动器性能检查

## 【项目目标】

1. 掌握汽车行车制动器检查的操作方法。
2. 掌握汽车驻车制动器检查的操作方法。

## 【训练前准备】

1. 常规准备工作（卫生清扫、场地安全认定、人数清点等）。
2. 上汽通用别克威朗 15S 自动进取型轿车一辆。
3. 钢直尺（1m）一把、作业记录单一册。

### 一、教师示范讲解

汽车制动器由行车制动器和驻车制动器两部分组成，现代汽车驻车制动器一般作用在后轮，与行车制动器合二为一。

#### （一）行车制动器检查

**1. 制动踏板应用状况检查**

车辆处于熄火状况，反复踩下制动踏板数次，踏板回位应良好，且踏板位置逐渐升高，确认制动踏板不能被踩到与地板接触的位置；同时仔细倾听是否存在异常噪声；用手晃动踏板，检查制动踏板是否存在过度松动，如图 21-1 所示。

**2. 制动踏板自由行程检查**

车辆由发动机运行状态熄火后，反复踩下制动踏板数次，以便解除制动助力。用手轻轻按压制动踏板，用一把直尺测量制动踏板感觉变沉时的移动距离，测量两次取平均值，如图 21-2 所示。

图 21-1 制动踏板应用状况检查

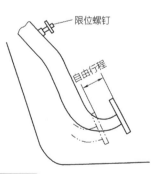

图 21-2 制动踏板自由行程的测量

✓ 知识点：制动踏板自由行程

1）制动踏板自由行程由主缸推杆与活塞间隙和轮缸推杆与轮缸活塞间隙决定。
2）别克威朗轿车制动踏板自由行程为 2~6mm。
3）调整：通过调节主缸推杆长度来实现，如图 21-3 所示。

**3. 制动踏板行程检查**

1）发动机处于熄火状态，反复踏动制动踏板释放助力真空，释放驻车制动器。
2）用直尺（1m）测出自由状态下踏板上方至转向盘下边缘的距离。
3）用力一脚将制动踏板踩下（约500N），保持踩住制动踏板的同时，用直尺测量踏板上方至转向盘下边缘的距离，两距离之差为制动踏板行程，如图 21-4 所示。

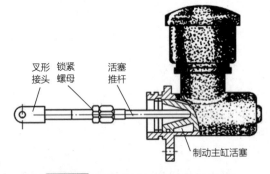
图 21-3 制动踏板自由行程的调整方法

图 21-4 制动踏板行程检查

**4. 制动踏板助力性能检查**

发动机熄火，反复踩压制动踏板数次，使真空助力装置释放真空度，再保持踩住制动踏板，起动发动机，发动机起动后瞬间，感觉制动踏板是否下沉，如图 21-5 所示。若制动踏板下沉明显，说明制动踏板助力性能良好。

✓ 知识点：制动真空助力能量来源

1）汽油机真空助力装置，真空能量来源于节气门后方的进气管道。
2）柴油机真空助力装置，真空能量一般来源于发电机后方的真空泵。

**5. 真空助力装置密封性能检查**

发动机处于运转状态，反复踩下制动踏板数次，然后踩住制动踏板，将发动机熄火，保持踩下状态30s以上，再踩压制动踏板几次，感觉制动踏板是否上弹。若制动踏板上弹明显，说明真空助力装置密封性能良好，如图 21-6 所示。

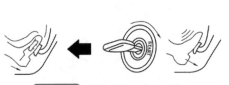
图 21-5 制动踏板助力性能检查

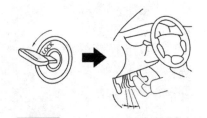
图 21-6 真空助力装置密封性能检查

✓ 知识点：制动真空助力装置真空性能是由助力器真空管路上单向阀密封状况、恒压室及变压室密封状况决定的。

> **思考**：若真空助力器助力性能下降不大，发动机工作时，真空能量会由发动机源源不断提供，驾驶人一般不会感觉到真空助力装置性能下降。若车辆滑行、发动机突然熄火后，会出现什么情况？

### （二）驻车制动器检查

现代轿车驻车制动器有两种类型，一是拉索式传统驻车制动器，二是电子控制式驻车制动器。

**1. 拉索式传统驻车制动器**

（1）驻车制动器拉杆行程检查

将驻车制动器手柄完全释放，向上拉起到顶端位置，记录棘轮响声，检查是否在规定范围值内，如图 21-7 所示，一般为棘轮 6~9 响。

> **知识点：驻车制动器拉杆行程调整**

1）通过改变拉索长度进行，如图 21-8 所示。

2）对于自由行程自动调节式驻车制动器，起动发动机，数次用力踩下制动踏板，保持制动踏板踩下状态，用力拉起驻车制动器操纵手柄，以实现驻车制动器自由行程的自动调节。

3）驻车制动器行程调整完后，应检查后轮是否出现制动迟滞，若有，应将驻车制动器间隙放大些。

图 21-7 驻车制动器拉杆行程检查

图 21-8 通过改变拉索长度来调整驻车制动器拉杆行程

（2）驻车制动器指示灯点亮状况检查

点火开关置于 ON 位置，制动手柄完全释放，向上拉动驻车制动器手柄一个棘轮位置，观察仪表板上驻车指示灯是否点亮；然后完全释放驻车制动手柄，驻车制动指示灯应熄灭，如图 21-9 所示。

> **思考**：在检查驻车制动器指示灯点亮状况时，为什么只向上拉动一个棘轮位置，而不是将操纵手柄拉到最上方？

图 21-9 驻车制动器指示灯点亮状况检查

**2. 电子控制式驻车制动器**

1）点火开关置于 ON 位置，踩住制动踏板，操作电子驻车制动器（EPB）开关，松开和按下电子制动器操作按钮，会听到后轮发出电子驻车制动器电动机工作的声音，同时仪表板上的指示灯也会发生相应的指示变化，如图21-10所示。

2）发动机处于运转状态，确认电子驻车制动已经施加，将档位由 P 位挂入除 N 位外的任何位置，轻踩加速踏板使车辆起步，电子驻车制动器能自动解除制动施加状态。

图21-10 电子驻车制动器工作状态测试

## 二、学生训练

**（一）汽车行车制动器检查**

训练时间：10min。

训练过程：检查制动踏板应用状况、踏板高度、自由行程、踏板余量、制动助力器性能等。

**（二）汽车驻车制动器检查**

训练时间：15min。

训练过程：拉索式驻车制动器拉杆行程检查、拉索式驻车制动器指示灯检查、电子驻车制动器工作状态测试。

## 三、随堂练

【判断题】

1）制动踏板应用状况检查是在发动机停转状态下进行的。（　　）

2）制动踏板自由行程是不可以调整的。（　　）

3）非电控柴油发动机汽车，真空助力装置的真空能量来源于进气门前方的进气歧管内。
（　　）

4）发动机运转，若真空助力装置性能略有降低，驾驶人一般不会明显感觉到制动能力的下降。（　　）

5）电子控制式驻车制动器起步时必须手动解除驻车制动器制动状态。（　　）

【选择题】

1）汽油发动机制动真空助力装置真空能量来源于_____。

　　A. 节气门前方进气管路　　B. 节气门后方进气管路　　C. 排气管内残余排气压力

2）检查制动真空助力装置真空度时，发动机处于运转状态，反复踩下制动踏板数次，然后踩住制动踏板、将发动机熄火后，保持踩下状态_____s以上，再踩压制动踏板几次，感觉制动踏板是否上弹。

　　A. 30　　　　　　　　　　B. 60　　　　　　　　　　C. 90

3）检查制动踏板行程余量时，发动机正常运转，驻车制动器手柄处于_____。

　　A. 完全拉紧状态　　　　　B. 4响棘轮状态　　　　　C. 完全释放状态

4）检查驻车制动器指示灯点亮状况时，应向上拉动驻车制动器操纵手柄，使棘轮处于_____位置。
A. 1 响　　　　　　B. 3 响　　　　　　C. 5 响

5）驻车制动器拉杆行程一般为_____个棘轮响。
A. 2～5　　　　　　B. 6～9　　　　　　C. 10～13

### 四、训练结束后场地整理及授课总结（包含5S项目）

1）车辆室内清洁，钢直尺清洁、归位。
2）根据记录数据，做出驻车制动器、行车制动器性能结果分析。
3）指导老师总结实训课题，布置课后实习报告。

### 五、实习报告

| 姓　名 | | 班　级 | | 实习日期 | |
|---|---|---|---|---|---|
| 训练项目题目 | | | | | |

主要实训内容记录：
1. 汽车行车制动器检查：


2. 拉索式驻车制动器检查：


3. 电子驻车制动器检查：


| 实训中疑难点的记录（等待老师解决） | |
|---|---|
| 教师评语 | |

## 作业任务 22

## 洗涤器、刮水器和后窗除霜检查

【项目目标】

1. 掌握汽车前风窗玻璃洗涤器的检查操作方法。
2. 掌握汽车前风窗玻璃刮水器的检查操作方法。
3. 掌握汽车后风窗玻璃除霜装置的检查操作方法。

【训练前准备】

1. 常规准备工作（卫生清扫、场地安全认定、人数清点等）。
2. 上汽通用别克威朗 15S 自动进取型轿车一辆。
3. 汽车专用玻璃清洗液 1 桶、别克威朗前风窗玻璃刮水器片一组。

一、教师示范讲解

（一）前风窗玻璃洗涤器检查

起动发动机运行，确认发动机舱盖处于完全扣合状态。

✓ 知识点：若发动机不运行，蓄电池电压达不到足以使洗涤器电动机正常工作的电压，洗涤器喷射压力不足，不能确保有正确的喷射位置；发动机舱盖若不处于完全扣合状态，也会影响到喷射位置，使喷射位置过低。

**1. 洗涤器储液罐液位检查**

打开洗涤器储液盖，用手电筒照明观察液面，以能够观察到液面为准，若缺少应添加洗涤液，如图 22-1 所示。

**2. 洗涤器检查**

向上拉动洗涤器、刮水器开关，如图 22-2 所示，观察洗涤器喷射位置和喷射压力，同时检查刮水器片的联动工作状况。

图 22-1 洗涤器储液罐液位检查

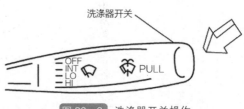

图 22-2 洗涤器开关操作

**3. 洗涤器喷射位置调整**

若洗涤器喷射位置不当，可用与喷射孔相当的铁丝，调整喷射位置，使喷洒的液体落在刮水范围的中间，如图22-3所示。

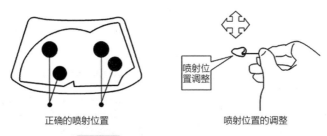

图22-3 洗涤器喷射位置检查与调整

✓ **注释**：有些轿车洗涤器喷嘴安装在发动机舱盖后端背面的隐藏位置，喷射角度为不可调整式。

**（二）刮水器检查**

刮水器检查一定在洗涤器检查之后进行。

✓ **思考**：若先检查刮水器而后检查洗涤器，带来的后果是_____。

刮水器各档位的操作顺序，如图22-4所示。

1）将刮水器开关置于点动档位置后松开，刮水器工作一次后应回到最低位置停止工作。
2）将刮水器开关置于间歇档，检查刮水器间歇位置工作情况，调节间歇时间，观察是否工作周期发生变化，如图22-5所示。

图22-4 刮水器各档位操作顺序

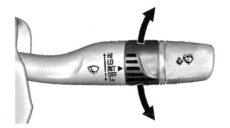

图22-5 刮水器间歇位置工作周期的调整

3）将刮水器开关置于低速档，检查刮水器低速位置工作情况。
4）将刮水器开关置于高速档，检查刮水器高速位置工作情况。
5）刮水器工作过程中，检查刮拭状况，要求不出现条纹状的刮拭痕迹，如图22-6所示，若刮拭不良，应更换新刮水器片。

✓ **知识点**：若前风窗玻璃上出现条纹状的刮拭痕迹，一般为刮水器片老化，应更换刮水器片。目前刮水器片有"有骨型"和"无骨型"两种型号，无骨型刮水器片性能更好。

图22-6 刮拭状态不良后出现的条纹状刮拭痕迹

6）刮水器工作，当刮水器片没有回到最低位时，迅速将刮水器开关置于OFF位置，观察刮水器片是否回到最低位置后，刮水器停止工作。

✔ **注意**：洗涤器和刮水器检查完毕后，一定要将前风窗玻璃清洁干净。

### （三）后窗除霜性能检验

1) 起动车辆运行，按下空调控制面板上的后窗除霜开关，观察指示灯和信息显示屏的指示情况，如图 22-7 所示。

2) 继续保持发动机运转，后窗除霜工作 2~3min，用手感觉后风窗玻璃，应该处于加热状态，如图 22-8 所示。

图 22-7　后窗除霜性能的检查（一）

图 22-8　后窗除霜性能的检查（二）

## 二、学生训练

### （一）前风窗玻璃洗涤器检查

训练时间：5min。

训练过程：起动发动机运转，检查洗涤器喷射位置和喷射压力，必要时进行喷射位置调整，同时检查刮水器联动状况。

### （二）前风窗玻璃刮水器检查

训练时间：10min。

训练过程：检查刮水器点动、间歇、低速、高速、刮拭状态、自动回位等工作状况。

### （三）后窗除霜性能检验

训练时间：10min。

训练过程：除霜开关操作情况、后窗加热状况检查等。

## 三、随堂练

【判断题】

1) 洗涤器和刮水器检查没有明确的先后顺序。　　　　　　　　　　　　　　　　　　（　　）
2) 检查洗涤器工作状况时，发动机舱盖一定要扣合好。　　　　　　　　　　　　　　（　　）
3) 有些车型洗涤器喷射位置是不能调整的。　　　　　　　　　　　　　　　　　　　（　　）
4) 刮水器开关一般位于转向盘下侧的左手边位置。　　　　　　　　　　　　　　　　（　　）
5) 洗涤器联动状况是指喷射液体的同时，刮水器片动作。　　　　　　　　　　　　　（　　）

【选择题】

1) 检查刮水器、洗涤器工作性能时，发动机状况为_____。

　　A．运行状态　　　　　　B．停转状态　　　　　　C．没有明确规定

2) 检查洗涤器工作状况时，发动机舱盖处于_____。
   A. 扣合状态　　　　B. 非扣合状态　　　　C. 没有明确规定

3) 检查刮水器片刮拭状况时，若前风窗玻璃上出现条纹状刮拭痕迹，主要原因为_____。
   A. 前风窗玻璃变形　　B. 刮水器片老化　　　C. 刮拭速度太快

4) 一般情况下，_____刮水器片性能更好，使用寿命更长。
   A. 有骨型　　　　　　B. 无骨型

5) 检查洗涤器时，保持发动机运行的原因是_____。
   A. 保证有足够的供电电压
   B. 保证有足够的洗涤液供给
   C. 保证洗涤器供电线路处于通电状态

### 四、训练结束后场地整理及授课总结（包含5S项目）

1) 汽车添加洗涤液后，废弃物的分类存放。
2) 汽车洗涤器、刮水器检查完毕后，前风窗玻璃的清洁。
3) 指导老师总结实训课题，布置课后实习报告。

### 五、实习报告

| 姓　名 |  | 班　级 |  | 实习日期 |  |
|---|---|---|---|---|---|
| 训练项目题目 |  |  |  |  |  |

主要实训内容记录：

1. 洗涤器检查操作：



2. 刮水器检查操作：



3. 后窗除霜情况检查：



| 实训中疑难点的记录（等待老师解决） |  |
|---|---|
| 教师评语 |  |

## 作业任务 23

# 喇叭、转向盘检查

【项目目标】

1. 掌握汽车喇叭检查的操作方法。
2. 掌握汽车转向盘自由行程、摆动量等的检查操作方法。

【训练前准备】

1. 常规准备工作（卫生清扫、场地安全认定、人数清点等）。
2. 上汽通用别克威朗 15S 自动进取型轿车一辆。
3. 常用工具一套，钢直尺一把、作业记录单一册。

## 一、教师示范讲解

### （一）汽车喇叭检查

汽车喇叭音量及音质的检查，要求转向盘在不同位置处，都能有良好的音质。

**1. 喇叭按钮检查**

转动转向盘接近一周的同时，在转向盘上方主安全气囊饰板的三个不同位置按动喇叭按钮，如图 23-1 所示，检查是否在各种转向盘位置上，喇叭按钮都能正常工作。

**2. 喇叭音量、音调检查**

按动喇叭按钮，检查喇叭音量、音调是否稳定。

### （二）转向盘检查

**1. 转向盘自由行程检查**

起动发动机运转，保持两前轮处于直行方向，用手轻轻稍微转动转向盘，当转向轮即将转动时停止转动转向盘，用一把直尺测量出转向盘的移动量即为转向盘自由行程，如图 23-2 所示。

图 23-1　喇叭按钮检查

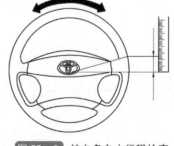

图 23-2　转向盘自由行程检查

✓ 知识点：转向盘自由行程

1）转向盘自由行程是由转向机主从动齿轮啮合间隙、转向传动机构球头间隙、转向主销与衬套配合间隙、轮毂轴承间隙等几方面决定的，一般为 1~15mm。

2）转向盘自由行程过小，会引起汽车行驶时转向沉重，方向难以控制。

3）转向盘自由行程过大，会引起汽车行驶时转向控制不灵活，转向系统摆动量过大等。

### 2. 转向柱和转向盘检查

1）松开转向柱锁止按钮，在上方和下方两个位置再锁紧转向柱，两手握住转向盘，在轴向方向、前后、左右方向拉动转向盘，确保没有松弛和摆动，如图 23-3 所示。

2）检查完毕后，转向盘恢复到作业前位置，锁紧转向柱按钮。

✓ 注释：检查转向盘和转向柱作业过程中，松开转向柱锁止按钮，上下、前后拉动转向盘时，动作不要过大，避免损伤转向盘上安装的电子装置。

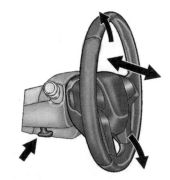

图 23-3 转向柱和转向盘检查

### 3. 转向盘 ACC 位置自由转动状况检查

1）将点火开关置于 OFF 位置，取下点火开关，转动转向盘，使转向盘锁死，如图 23-4 所示。

2）用左手逆时针拉动转向盘，将点火开关插入，并置于 ACC 位置，沿顺时针和逆时针两个方向反复转动转向盘，确保转向盘不会被锁止，如图 23-5 所示。

图 23-4 转向盘锁死状态

图 23-5 转向盘 ACC 位置自由转动状况检查

✓ 知识点：点火开关置于 OFF 位置时，转向盘能自动锁死，这是汽车防盗措施的形式之一，但只要点火开关脱离 OFF 位置，必须解除转向盘锁止，否则就会影响汽车行驶的安全性。

## 二、学生训练

### （一）汽车喇叭检查

训练时间：5min。

训练过程：检查喇叭按钮工作状况，喇叭音量、音调的稳定性等。

### （二）转向盘检查

训练时间：10min。

训练过程：起动发动机正常运转，检查转向盘自由行程、转向柱和转向盘、点火开关置于 ACC 位置时转向盘自由转动状况等。

### 三、随堂练

**【判断题】**

1）汽车喇叭音量和音调是能够调整的。（  ）
2）汽车喇叭的音调是指发出声音频率的高低，频率越高，音调越低沉。（  ）
3）汽车喇叭音量越大越好。（  ）
4）汽车转向盘自由行程越接近于零越好。（  ）
5）检查汽车转向盘自由行程时，需要轻轻转动转向盘，但前轮一定处于不能摆动的状态。（  ）

**【选择题】**

1）汽车转向盘自由行程一般为_____。
　A. 1~15mm　　　　　B. 15~30mm　　　　　C. 30~45mm

2）若转向盘转向沉重，控制方向困难，主要原因之一是_____。
　A. 转向盘自由行程过大　　　　　B. 转向盘自由行程过小
　C. 转向机主从动齿轮啮合间隙过大

3）若转向盘为倾斜可调式或伸缩可调式结构，在检查转向盘摆动量时，应在_____。
　A. 转向盘最低位置　　　　　B. 转向盘最高位置　　　　　C. 转向盘整个移动的方位内

4）转向盘在点火开关处于 OFF 位置时，能够锁止转向盘，该系统是一种_____。
　A. 防盗装置　　　　　B. 停车警示装置　　　　　C. 故障报警装置

5）检查转向盘在 ACC 位置能否自由转动的标准为转向盘_____。
　A. 只能够顺时针转动　　　　　B. 只能够逆时针转动
　C. 不论顺时针还是逆时针都能自由转动

### 四、训练结束后场地整理及授课总结（包含5S项目）

1）车辆室内清洁，钢直尺清洁、归位。
2）根据记录数据，做出转向盘自由行程性能结果分析。
3）指导老师总结实训课题，布置课后实习报告。

### 五、实习报告

| 姓　　名 |  | 班级 |  | 实习日期 |  |
|---|---|---|---|---|---|
| 训练项目题目 |  |  |  |  |  |

主要实训内容记录：

1. 汽车喇叭检查：

2. 转向盘检查：

| 实训中疑难点的记录（等待老师解决） |  |
|---|---|
| 教师评语 |  |

## 作业任务 24

# 轮毂、制动器及泄漏检查

【项目目标】

1. 掌握轮毂轴承检查的操作方法。
2. 掌握汽车制动器（制动盘和制动毂）检查的操作方法。
3. 掌握发动机泄漏状况检查的操作方法。

【训练前准备】

1. 常规准备工作（卫生清扫、场地安全认定、人数清点等）。
2. 上汽通用别克威朗 15S 自动进取型轿车一辆。
3. 常用工具一套，手电筒一只、作业记录单一册。

### 一、教师示范讲解

#### （一）车辆安全提升到中位

1）松开电控驻车制动器，将档位置于 N 位。

2）检查车辆周围是否有影响举升机提升的安全因素，确保安全的情况下提升车辆至中间位置（车轮基本与腰部齐平，确保作业者站立作业），锁定举升机，如图 24-1 所示。

3）移开车轮挡块，为检查作业做好准备。

#### （二）轮毂轴承性能检查

1）转动车轮一周以上，确认轮毂轴承无异常噪声，车轮转动无阻力。

2）按上下、左右两个方向晃动车轮，确认轮毂轴承间隙在正常范围内，如图 24-2 所示。

图 24-1 车辆举升前的安全确认

图 24-2 车辆轮毂轴承的检查

3）依次完成全车四个车轮轮毂轴承的检查。

#### （三）制动器检查

1）手电筒辅助照明，转动车轮一周以上，确认外侧制动盘及制动片的磨损情况，如

图 24-3 所示。

2）手电筒辅助照明，确认内侧制动盘及制动片磨损情况，如图 24-4 所示。

图 24-3 制动器外侧轮盘及制动片磨损情况检查

图 24-4 制动器内侧轮盘及制动片磨损情况检查

3）依次完成全车四个车轮制动器的检查。

**（四）泄漏状况检查**

本次泄漏检查的目的是发动机加机油后运行，观察是否存在泄漏现象。

1）检查发动机油底壳上的机油排放塞是否有泄漏，机体上安装的机油滤清器是否有泄漏，如图 24-5 所示。

2）检查发动机与驾驶室内暖风水管是否存在泄漏。

**（五）车辆由中位下降到最低位置**

1）确认车辆下面没有影响安全下降的因素，操作举升机控制台，将车辆下降到地面位置。

2）安装车轮挡块，将档位置于 P 位，施加电子驻车制动，安装尾气排放装置，如图 24-6 所示。

图 24-5 机油排放塞、机油滤清器泄漏情况检查

图 24-6 车辆下降后作业前的准备工作

## 二、学生训练

**（一）轮毂轴承性能的检查**

训练时间：5min。

训练过程：轮毂轴承噪声检查、轮毂轴承间隙检查。

**（二）制动器检查**

训练时间：10min。

训练过程：制动盘磨损状况检查、制动片磨损状况检查。

## （三）泄漏状况检查

训练时间：10min。

训练过程：发动机排放塞和滤清器检查，驾驶室暖风水管检查。

## 三、随堂练

**【判断题】**

1) 车辆由半联动状态举升时，无须检查车辆垫块位置，因为该状态下车辆与举升机间没有发生位置移动。（　　）
2) 转动车轮检查轮毂轴承噪声时，制动片与制动盘之间有轻微的摩擦声属于正常现象。（　　）
3) 检查轮毂轴承间隙时，车轮必须有明显的轴向间隙感，否则易造成轴承抱死。（　　）
4) 发动机更换机油滤清器后，允许滤清器底座有轻微的渗漏。（　　）
5) 只要操作举升机降落车辆到地面位置，作业前一定施加车轮挡块。（　　）

## 四、训练结束后场地整理及授课总结（包含5S项目）

1) 车辆、工具清洁和归位。
2) 指导老师总结实训课题，布置课后实习报告。

## 五、实习报告

| 姓　　名 | | 班　级 | | 实习日期 | |
|---|---|---|---|---|---|
| 训练项目题目 | | | | | |

主要实训内容记录：

1. 制动器使用情况检查：

2. 轮毂轴承间隙检查：

3. 发动机渗漏情况检查：

| 实训中疑难点的记录（等待老师解决） | |
|---|---|
| 教师评语 | |

## 作业任务 25

# 空调综合性能测试

## 【项目目标】

1. 掌握汽车空调性能检测仪的使用方法。
2. 掌握汽车空调性能检测仪的测试过程。
3. 对空调性能做出综合的判断。

## 【训练前准备】

1. 常规准备工作（卫生清扫、场地安全认定、人数清点等）。
2. 上汽通用别克威朗 15S 自动进取型轿车一辆。
3. 罗宾耐尔汽车空调性能检测仪一台，空调制冷剂检漏仪一台，作业记录单一册。

### 一、教师示范讲解

**（一）汽车空调综合性能检测前的准备工作**

1）取出空调性能检测仪，检查仪表显示屏、开关、连接端口等，应性能良好，如图 25-1 所示。
2）将低压传感器、高压传感器连接在汽车空调性能检测仪上。
3）将四个热偶温度探针按照对应颜色依次连接到汽车空调性能检测仪上。

TK1：红色探头，接冷凝器制冷剂入口端。
TK2：黄色探头，接冷凝器制冷剂出口端。
TK3：黑色探头，接蒸发器制冷剂入口端。
TK4：蓝色探头，接蒸发器制冷剂出口端。

4）将空调检测仪挂在车辆发动机舱盖的内侧，进行相关管路连接。

① 低压传感器、高压传感器接头处的顶起螺栓退回在最外端，然后分别接在空调低压管路和高压管路检测口上，顺时针转动顶起螺栓，打开制冷剂密封开关，使制冷剂与传感器接触，如图 25-2 所示。

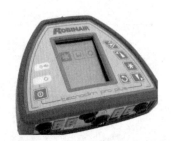

图 25-1 空调性能检测仪使用前的检查

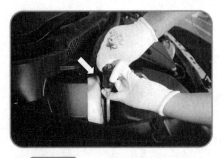

图 25-2 压力传感器接头的接入

② 按压力从高至低的顺序，将 TK1、TK2、TK3、TK4 连接到制冷剂管路上，注意传感器上感温电阻一定要与制冷管路金属部分接触良好。

5）开启空调性能检测仪，距离性能检测仪 1.5m 以外，将温度、湿度传感器启动，建立温度、湿度传感器与空调性能检测仪的无线连接，并将环境温度、环境湿度记录在表 25-1 内后，将温度、湿度传感器安装在室内正前方位置出风口上，一定要注意温度、湿度传感器的安装方向，感温电阻要对准出风口，如图 25-3 所示。

表 25-1 空调性能测试记录表

| 项目名称 | 参数记录 | 项目名称 | 参数记录 |
| --- | --- | --- | --- |
| 高压侧压力 |  | 低压侧压力 |  |
| 冷凝器进口温度 |  | 冷凝器出口温度 |  |
| 蒸发器进口温度 |  | 蒸发器出口温度 |  |
| 环境温度 |  | 环境湿度 |  |
| 出风口温度 |  | 出风口湿度 |  |
| 性能检验 | □合格 | | □不合格 |

（二）汽车空调综合性能检测

1）将所有车门开启，以便室内热量及时散失，如图 25-4 所示。

图 25-3 空调性能测试仪的启用

图 25-4 空调性能检测前的准备工作

2）起动发动机运行，开启空调开关 A/C，将鼓风机档位调节至最高速度。

3）调节空调性能检测仪显示方式，以坐标的方式显示时间与温度的变化关系，如图 25-5 所示。

4）两人配合完成检测操作，一人在车内保持 2000r/min 左右的转速，另一人在车前观察温度/时间变化关系图像，当温度降低到 8℃ 以下时，转换为数据显示方式，如图 25-6 所示。

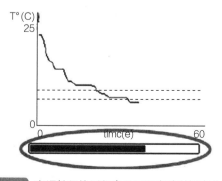

图 25-5 空调性能检测仪出风口温度随时间变化关系

图 25-6 空调综合性能测试的数据记录

5)定格测量数据后,关闭空调开关,在表25-1中记录相关数据,包括环境温度、环境湿度、高压侧压力、低压侧压力、冷凝器进口温度、冷凝器出口温度、蒸发器进口温度、蒸发器出口温度八个数据,以便进行数据分析。

(三)数据记录及综合性能分析

1)画出吸气压力和环境温度的对应关系,对应交叉点是否在合格的阴影区间范围内,如图25-7所示。

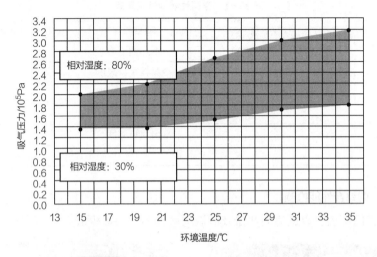

图25-7 空调吸气压力和环境温度的对应关系

2)画出空调出风口温度与环境温度的对应关系,对应交叉点是否在合格的阴影区间范围内,如图25-8所示。

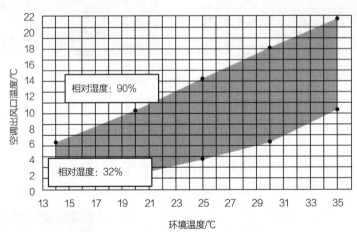

图25-8 空调出风口温度与环境温度的对应关系

依据上述方法做出空调综合性能是否合格的判断。

(四)检测后的设备整理

1)将空调性能检测仪关机。

2)依次从空调制冷剂管路上取下四个热偶温度传感器(TK1~TK4)。

3)将低压传感器和高压传感器上的拧紧螺钉退回,取下压力传感器快速插头。
4)打开空调制冷剂检漏仪开关,调整灵敏度不少于三个指示灯,如图25-9所示。
5)在制冷管路高压、低压检测口的周围进行检漏,检漏仪探头位于检测口略偏下方 2~4mm 位置处,但不能接触到检测口,如图25-10所示。

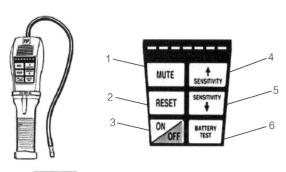

图25-9 空调制冷剂检漏仪使用前灵敏度调整

1—静音键 2—重设键 3—电源开关键 4—灵敏度上调选择键 5—灵敏度下调选择键 6—电池电量测试键

图25-10 高、低压管路检测口制冷剂泄漏情况检查

✓ **知识点**:汽车空调制冷剂 R134a 的密度略大于空气的密度。

6)清洁高、低压管路检测口,拧上防尘帽。

## 二、学生训练

**(一)汽车空调性能检测仪使用**

训练时间:10min。

训练过程:高、低压传感器的安装,热偶传感器的安装,使用前调整校验。

**(二)汽车空调综合性能测试**

训练时间:10min。

训练过程:制冷系统数据的采集、制冷系统综合性能分析。

## 三、随堂练

【判断题】

1)汽车空调性能检测仪红色热偶传感器接到冷凝器的出口管路上。 (　　)
2)汽车空调性能检测仪绿色热偶传感器接到蒸发器的出口管路上。 (　　)
3)现代汽车空调制冷剂 R134a 的密度略大于空气的密度。 (　　)
4)用空调制冷剂检漏仪检测管路泄漏时,灵敏度一般调整至最低档位。 (　　)
5)使用汽车空调性能检测仪时,若环境温度较低,制冷系统不一定会投入工作。 (　　)

## 四、训练结束后场地整理及授课总结(包含5S项目)

1)车辆、工具清洁和归位。
2)指导老师总结实训课题,布置课后实习报告。

## 五、实习报告

| 姓　名 | | 班　级 | | 实习日期 | |
|---|---|---|---|---|---|
| 训练项目题目 | | | | | |

主要实训内容记录：

1. 汽车空调性能检测仪使用：



2. 汽车空调制冷剂检漏仪使用：



3. 汽车空调综合性能分析：



| 实训中疑难点的记录（等待老师解决） | |
|---|---|
| 教师评语 | |

## 作业任务 26

## 车辆尾气排放测试

【项目目标】

1. 掌握汽油机尾气测试仪的使用方法。
2. 掌握汽车尾气排放"通用检测法"的测试操作方法。

【训练前准备】

1. 常规准备工作（卫生清扫、场地安全认定、人数清点等）。
2. 上汽通用别克威朗 15S 自动进取型轿车一辆。
3. 博世 BEA060 型尾气测试仪一台。

### 一、教师示范讲解

**（一）博世 BEA060 尾气测试仪使用**

1) 博世 BEA060 尾气测试仪由主机、显示器（笔记本电脑）等组成，如图 26-1 所示。
2) 使用操作。

① 先打开尾气测试仪主机，如图 26-2 所示，然后在笔记本电脑上打开操作程序。

图 26-1 博世 BEA060 尾气测试仪　　图 26-2 BEA060 尾气分析仪主机开启

② 按照操作程序的要求，对尾气测试仪的泄漏情况进行校验，如图 26-3 所示。
③ 泄漏测试合格后，进行 HC 残留校对。校对完成后，进入尾气测试仪检测界面。
④ 保持尾气测试仪检测口通向大气，读出显示屏上的尾气成分，如图 26-4 所示，主要成分见表 26-1。

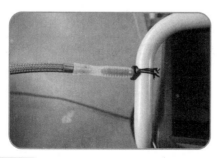 

图 26-3 尾气测试仪使用前的管路泄漏状况检查　　图 26-4 尾气测试仪测试大气中的成分

表 26-1 用尾气测试仪测量出的空气成分

| HC | $0000 \times 10^{-6}$ | CO | 00.00% |
|---|---|---|---|
| $CO_2$ | 00.00% | $O_2$ | 20.62% |
| NO | $0000 \times 10^{-6}$ | n | 0000r/min |

✓ **思考**：大气中约78%的成分为_____。

⑤ 将尾气检测仪测量管套入尾气排放装置检测孔，插入尾气排放管，插入长度不低于400mm，如图26-5所示。

⑥ 当显示 $CO_2$ 排放量大于10%以上时，开始记录车辆尾气排放值，以较为稳定的 $CO_2$ 排量为准，如图26-6所示。

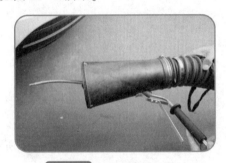

图 26-5 尾气测量管的接入

图 26-6 车辆尾气排放成分的记录

### （二）尾气测试的方法

汽车尾气测试的方法有"通用测试法""怠速测试法"和"双怠速测试法"三种。一般情况下，选择"通用测试法"。现代汽车汽油发动机尾气排放标准：$HC \leq 100 \times 10^{-6}$，$CO \leq 0.5\%$（质量分数）。

**1. 通用测试法**

1）车辆发动机冷车起动时的尾气成分检测，见表26-2。

表 26-2 发动机冷车起动时的尾气成分（质量分数）

| HC | $505 \times 10^{-6}$ | CO | 0.12% |
|---|---|---|---|
| $CO_2$ | 15.65% | $O_2$ | 0.00% |
| NO | $16 \times 10^{-6}$ | n | 0r/min |

✓ **知识点**：车辆冷车起动时的尾气成分

① 发动机为快速预热状态，进气量增多、供油量增大、转速较高。

② 冷车起动状态，氧传感器、三元催化器等装置没有达到正常工作的温度，发动机电控系统为"开环"状态。

③ 此时，应快速使氧传感器和三元催化装置预热，实现发动机排放的"闭环"控制。

2）发动机预热到正常工作温度后的尾气检测，见表26-3。

表 26-3　发动机预热后的尾气成分（质量分数）

| HC | $10 \times 10^{-6}$ | CO | 0.01% |
|---|---|---|---|
| $CO_2$ | 15.53% | $O_2$ | 0.00% |
| NO | $0 \times 10^{-6}$ | n | 0r/min |

> 思考：对照汽油机尾气排放标准，该检测结果合格吗？_____。

**2. 怠速检测法**

1）将转速信号检测装置接入第一缸检测线上，如图 26-7 所示。

2）通过"选择"按键，确认"怠速检测法"，进入 30s 的 HC 残留检测。

3）加速到 3500r/min，保持 30s。

4）减速到正常怠速，进行 40s 的气体取样，检测结果见表 26-4。

图 26-7　将转速信号检测装置接入第一缸检测线位置

表 26-4　发动机怠速检测时的尾气成分（质量分数）

| HC | $6 \times 10^{-6}$ | CO | 0.01% |
|---|---|---|---|
| $CO_2$ | 15.43% | $O_2$ | 0.00% |
| NO | $20 \times 10^{-6}$ | n | 754r/min |
| λ | 1.00 | | |

> 思考：对照汽油机尾气排放标准，该检测结果合格吗？_____。

**3. 双怠速检测法**

1）将转速信号检测装置接入第一缸检测线上。

2）通过"选择"按键，确认"双怠速检测法"，进入 30s 的 HC 残留检测。

3）加速到 2500r/min，保持 40s，进行取样。

4）减速到正常怠速，保持 40s，进行取样。

5）高怠速时尾气平均值见表 26-5；怠速时尾气平均值见表 26-6。

表 26-5　发动机高怠速时尾气平均值（质量分数）

| HC | $6 \times 10^{-6}$ | CO | 0.00% |
|---|---|---|---|
| $CO_2$ | 15.63% | $O_2$ | 0.00% |
| NO | $9 \times 10^{-6}$ | n | 2512r/min |
| λ | 1.00 | | |

表 26-6　发动机怠速时尾气平均值（质量分数）

| HC | $6 \times 10^{-6}$ | CO | 0.00% |
|---|---|---|---|
| $CO_2$ | 15.64% | $O_2$ | 0.00% |
| NO | $9 \times 10^{-6}$ | n | 726r/min |
| λ | 1.00 | | |

✓ **思考**：汽车尾气排放中，有78%的$N_2$，接近16%的$CO_2$，其余的约6%是_____？

### （三）尾气测试仪测试完成后整理

1) 尾气测试仪测量完毕后，从尾气抽气管取样口抽出检测探头，然后将取样口堵好。
2) 先关闭软件，使主机停止工作，然后将尾气抽气管路整理好。

## 二、学生训练

### （一）汽车尾气测试仪检测前的准备工作

训练时间：10min。

训练过程：尾气测试仪的安装、预热、检漏、清零等。

### （二）汽车尾气检测

训练时间：60min。

训练过程：通用检测法、怠速检测法、双怠速检测法。

## 三、随堂练

**【选择题】**

1) 汽油机尾气检测时，最简单、最常用的检测方法为_____。
   A. 通用检测法　　　　B. 怠速检测法　　　　C. 双怠速检测法

2) 汽车尾气检测结果为$\lambda=0.97$，说明_____。
   A. 混合气过稀　　　　B. 混合气过浓　　　　C. 为标准混合气

3) 发动机冷车起动时，氧传感器的工作状态为_____。
   A. 即可投入正常工作
   B. 预热到一定温度后投入正常工作
   C. 始终处于正常工作状态

4) 用尾气测试仪检测汽车尾气成分为$CH=120\times10^{-6}$，$CO=0.4\%$，该结果为_____。
   A. 排放合格
   B. 排放不合格
   C. 不能确定，因为没有显示NO值

5) 车辆尾气检测时，尾气检测管插入排气管长度为_____。
   A. 10~20cm　　　　B. 20~30cm　　　　C. 30~40cm

## 四、训练结束后场地整理及授课总结（包含5S项目）

1) 作业完毕后尾气测试仪的保养、清洁及归位。
2) 车辆清洁归位，实训场地清扫整理。
3) 指导老师总结实训课题，布置课后实习报告。

## 五、实习报告

| 姓　名 | | 班　级 | | 实习日期 | |
|---|---|---|---|---|---|
| 训练项目题目 | | | | | |

主要实训内容记录：

1. 汽车尾气测试仪检测前的准备工作：



2. 汽车尾气检测：



| 实训中疑难点的记录（等待老师解决） | |
|---|---|
| 教师评语 | |

## 作业任务 27

## 最终液面检查及车辆维护作业后的"恢复、清洁、整理"

【项目目标】

1. 掌握车辆维护作业后的液面检查调整方法。
2. 掌握汽车维护作业后的"恢复、清洁、整理"。

【训练前准备】

1. 常规准备工作(卫生清扫、场地安全认定、人数清点等)。
2. 上汽通用别克威朗15S自动进取型轿车一辆。
3. 举升机垫块、车轮挡块各1套,场地清洁工具1套。

### 一、教师示范讲解

(一) 机油液面检查调整

1) 拔出机油尺,检查液面是否在机油尺刻度3/4~4/4位置,若液面高度不当,应调整液面在适当位置。

2) 观察机油桶内机油的剩余量,将本次保养使用机油量填入记录表,如图27-1所示。

✓ 知识点:机油的更换周期一般为5000km,在工作过程中会有机油耗损,因此在更换机油时,为确保一个更换周期内不再添加机油,机油的加注量一般贴近标尺线的上线。

3) 冷却液液面检查调整。观察冷却液液面,应在贴近上、下刻度线的上线位置,若不当应调整冷却液液面。

图27-1 发动机加入机油量记录

(二) 汽车维护作业后的"恢复、清洁、整理"

**1. 车辆室内清洁、整理**

1) 清洁灯光开关、刮水器开关、空调开关,清理烟灰缸。
2) 将所有车门玻璃提升到位,移走室内防护三件套(座椅套、转向盘套、脚垫),并放入废料箱中。

**2. 车辆室外清洁、整理**

1) 移走翼子板护布、前格栅布。
2) 放下发动机舱盖,确保扣合到位。
3) 移走尾气排放管。

4）清理汽车外部卫生，清洁点如图 27 - 2 所示，主要目的是清除作业时留在车身上的手印。

**3. 场地清理及工具归位**

1）将工具清洁后，按顺序摆放于工具车中，将工具车推至规定位置。
2）关闭举升机电源，清理举升机操作台，如图 27 - 3 所示。

图 27 - 2　车辆外部卫生清理

图 27 - 3　举升机操作台清理

3）清理举升机举升平台，如图 27 - 4 所示。
4）作业后场地清洁，如图 27 - 5 所示。

图 27 - 4　举升机举升平台清洁

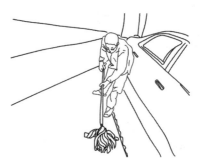

图 27 - 5　作业后场地清洁

**（三）工具整理及归位**

1）所有预制式扭力扳手，拧动预紧力调整套筒，恢复到零位，清洁后放回原位，如图 27 - 6 所示。
2）按照规定位置，将所有工具、量具清洁后，放入工具箱。

**二、学生训练**

**（一）机油液面检查调整**

训练时间：5min。

训练过程：机油液面检查与加注量记录、冷却液液面检查调整。

图 27 - 6　预制式扭力扳手的复位及清洁

**（二）汽车维护作业后的"恢复、清洁、整理"**

训练时间：10min。

训练过程：车辆室内清洁、整理，室外清洁、整理，场地清理及工具归位。

### 三、随堂练

【判断题】

1）发动机每次保养加注机油量，只要不低于刻度线的下线就是正常的。　　（　　）

2）车辆维护作业完成后，由维修技师负责车辆外部卫生全面清理。　　　　（　　）

3）所有的工具都应该清理后再归位。　　　　　　　　　　　　　　　　　（　　）

4）预置式扭力扳手使用完毕后，必须调整零位后再归位。　　　　　　　　（　　）

### 四、训练结束后场地整理及授课总结（包含5S项目）

1）车辆室外防护用品、室内防护用品的归位及清洁。

2）操作场地清洁，举升机操作台清洁等。

3）指导老师总结实训课题，布置课后实习报告。

### 五、实习报告

| 姓　名 | | 班　级 | | 实习日期 | |
|---|---|---|---|---|---|
| 训练项目题目 | | | | | |

主要实训内容记录：

1. 机油液面检查调整：


2. 汽车维护作业后的"恢复、清洁、整理"：


| 实训中疑难点的记录（等待老师解决） | |
|---|---|
| 教师评语 | |

# 第三单元 汽车维护与保养作业中的其他重要操作项目

> **内容简介**

　　本单元包括"作业任务28"~"作业任务45",主要内容是汽车10000km定期维护作业流程之外的其他重要操作项目,这些项目在汽车日常的维护与保养作业中经常使用,对学生全面掌握汽车维护操作工艺是非常重要的。

> **主要实训器材、设备**

　　成套常用工具、专用工具、量具,上汽通用别克威朗15S自动进取型轿车一辆,一汽丰田卡罗拉1.6AT(GL)轿车一辆,北京现代伊兰特朗动1.6L手动档轿车一辆,剪式举升机一辆,翼子板布及前格栅布一套,室内一次性防护用品一套。

> **实训教学目的**

1) 车辆道路检验,新车的走合与保养。
2) 汽油发动机正时带检查与更换,冷却系统和供油系统检查与维护保养,发动机密封性能检验等。
3) 汽车底盘离合器检查与调整,手动变速器和自动变速器油液检查与更换,鼓式(盘式)制动器检查及迟滞性检查,轮胎的换位及平衡操作等。
4) 汽车电气系统维护与保养,汽油机点火系统检测,蓄电池使用状况检测等。

> **教学组织**

**1. 教师职责**

1) 根据各课题的项目特点,设计教学进程,力争做到实训课题进展有序。
2) 教学过程中,详细讲解操作任务作业流程、操作步骤、技术规范及注意事项,让学生在完成实训任务的同时,启发学生掌握与之相关联的理论知识,形成一套完整的理论与实践相结合的新体系。
3) 及时解决学生实训操作过程中遇到的相关疑难问题,对共性问题集中讲解,个别问题单独处理,实现教学目标。

4）完善与实训课题相关的知识内容，在操作中让学生掌握理论知识的学习，既懂得操作工艺，又掌握与之相关联的基础理论知识，真正做到在操作中促进理论知识的完善和提高，做到理论与实际操作的融会贯通。

5）点评学生操作过程，肯定优点，激励学生积极思考，完成各项实训课题。

**2. 学生安排**

1）各项目根据实际情况，合理组织学生分组，一般每组 4~6 人，一人操作，其他同学点评，认真观察并总结该生实训操作中动作的优缺点，以便使自己操作时动作更加规范。

2）操作完成后，相互交换角色，其他同学完成实训操作项目。

3）实训小组完成操作项目后，组长组织讨论，总结项目操作的收获和存在的问题，完成心得体会，并及时向指导老师反馈意见。

4）完成课后实习报告。

# 作业任务 28

## 车辆道路检查训练

【项目目标】

1. 掌握车辆道路检查的主要目的。
2. 掌握车辆道路检查的主要操作方法。

【训练前准备】

1. 常规准备工作（卫生清扫、场地安全认定、人数清点等）。
2. 标准汽车驾驶训练场地一处。
3. 一汽丰田卡拉罗1.6AT轿车一辆，上汽通用别克威朗15S自动进取型轿车一辆，北京现代伊兰特1.6L手动档轿车一辆。

## 一、教师示范讲解

### （一）车辆道路检查的主要目的

1）车辆道路检查的主要目的是检验维护与保养作业质量，发现作业项目之外的故障隐患，及时告知顾客，以便组织维修，让用户得到最满意的服务。

2）车辆道路检查实施：由具备检验资质的维修技师操作。在实际教学过程中，教师只能向学生讲解各项目操作的步骤和目的，学生不能驾驶车辆。路试过程中要切实注意行车安全，杜绝一切责任事故发生。

### （二）车辆道路检查的主要操作

**1. 动力传动系统检查**

（1）手动变速器式传动系统检查

1）离合器检查。

① 将离合器踏板踩下，检查是否有分离轴承异响。

② 将离合器踏板踩到底、挂入一档时，检查是否有变速器打齿异响，确认离合器的分离状态，如图28-1所示。

③ 慢松离合器踏板，确认车辆是否能平稳起步。

④ 车辆高档位运行时，突然用力踩加速踏板，确认车辆速度在明显提高的同时，发动机转速没有明显变化，判断离合器是否存在打滑。

2）变速器检查。

图28-1 常见手动变速器式传动系统档位指示

① 随着车速的提升，将变速杆从一档逐渐转换到最高档，检查换档过程是否平顺。

② 随着车速的降低，将变速杆从最高档逐渐转换到一档，检查换档过程是否平顺。

3）传动桥检查。

① 车辆行驶过程中，注意倾听是否有异响或噪声。

② 汽车在平直的路面上直线行驶时，突然松开加速踏板，检查是否出现瞬间撞击现象。

③ 再突然踩下加速踏板，检查是否出现瞬间撞击现象。

④ 向左侧转弯运行，检查差速器是否存在异响。

⑤ 向右侧转弯运行，检查差速器是否存在异响。

（2）自动变速器式传动系统检查

1）将变速杆置于"D"位置，检查变速器升档、降档过程中是否存在冲击，如图28-2所示。

2）手自一体式自动变速器手动操作状况检查。将变速器置于手动位置，根据车速变化档位，检查变速状况，如图28-3所示。

图28-2 自动变速器式传动系统检查

图28-3 手自一体式自动变速器传动系统检查

3）传动桥检查与手动变速器式相同。

**2. 转向系统路试检查**

1）车辆运行，转动转向盘测试转向阻力大小及控制手感。

2）车辆保持直线行驶，检查转向盘是否处于居中位置。

3）在道路平整、车辆较少的路面上，保持80km/h左右直线行驶，双手脱离转向盘，检查汽车是否存在跑偏现象。

4）检查车辆转弯后的自动回位状况，如图28-4所示。

**3. 制动系统检查**

（1）驻车制动器检查

1）将车辆停留在斜坡上，拉上驻车制动，检查车辆是否停留在斜坡上而不下滑，如图28-5所示。

图28-4 车辆转向系统自动回位状况检查

图28-5 驻车制动器检查

2）将车辆停在平直路面上，拉紧驻车制动，松开驻车制动的同时，检查是否存在驻车制动器迟滞。

(2) 行车制动器检查

1）车辆未起动时，检查制动踏板是否有足够的制动行程余量。
2）起动车辆的瞬间，检查真空助力装置的性能。
3）车辆直线行驶，缓慢踩下制动踏板，检查是否存在制动器摩擦噪声。
4）车辆直线行驶，用力踩下制动踏板，检查制动器是否存在制动跑偏。
5）车辆低速运行中熄火，踩下制动踏板，检查制动效果是否有明显下降，以确定真空助力装置的密封性。

**4．行驶系统检查**

1）车辆在不平整的路面上行驶，感觉悬架系统的阻尼性能。
2）保持车辆中速行驶，感觉车身、悬架系统是否存在异常噪声。

## 二、学生训练

### （一）车辆道路检查的主要目的

训练时间：5min。

训练过程：车辆道路检查目的、检查准备工作。

### （二）车辆道路检查的主要操作

训练时间：30min。

训练过程：动力传动系统检查、转向系统检查、制动系统检查、行驶系统检查。

## 三、随堂练

【判断题】

1）踩下离合器，挂入一档时变速器打齿，主要原因是离合器打滑。（　　）
2）离合器打滑的主要表现为车辆运行时突然加速，发动机转速提升较快，而车速提升较慢。（　　）
3）在道路平整、车辆较少的路面上保持80km/h左右直线行驶，双手脱离转向盘，检查汽车是否存在跑偏现象。（　　）
4）制动迟滞会引起制动系统异常过热。（　　）

【选择题】

1）车辆保持直线行驶时，传动系统正常；但转弯时存在异响，主要故障部位在＿＿＿＿。
　　A．传动半轴上　　　　B．变速器上　　　　C．差速器上

2）将自动变速器置于P位时，车辆传动系统处于锁止状态，因此，停车时对是否使用驻车制动器的标准为＿＿＿＿。
　　A．必须使用　　　　B．没有必要使用　　　　C．没有明确规定

3）用脚踩住制动踏板起动车辆，发动机起动后，感觉到踏板下沉，说明车辆＿＿＿＿。
　　A．真空助力器密封状况良好
　　B．真空助力器使用状况良好

C. 预留制动踏板余量过大

4) 带助力装置的转向系统，随着车速的提升，助力作用会_____。
   A. 逐渐增强　　　　　　B. 逐渐减弱　　　　　　C. 保持不变

### 四、训练结束后场地整理及授课总结（包含5S项目）

1) 车辆道路检查完毕后的清洁及归位。
2) 驾训场地的清洁整理。
3) 指导老师总结实训课题，布置课后实习报告。

### 五、实习报告

| 姓　名 | | 班　级 | | 实习日期 | |
|---|---|---|---|---|---|
| 训练项目题目 | | | | | |

主要实训内容记录：

1. 车辆道路检查的主要目的：

2. 车辆道路检查的主要操作：

| 实训中疑难点的记录（等待老师解决） | |
|---|---|
| 教师评语 | |

# 作业任务 29

# 新车走合保养

## 【项目目标】

1. 掌握车辆走合保养的主要目的。
2. 掌握车辆走合保养的主要操作方法。

## 【训练前准备】

1. 常规准备工作（卫生清扫、场地安全认定、人数清点等）。
2. 新购轿车 1 部。
3. 新购轿车维护保养手册 1 本。

## 【一体化课堂进程】

### 一、教师示范讲解

#### （一）车辆走合保养的主要目的

汽车走合保养的质量直接决定着汽车的使用性能，组织好汽车的走合保养，对延长汽车使用寿命至关重要。

**1. 目的**

车辆走合保养是厂家为用户提供的一次免费保养，在该车型指定的汽车特约维修站进行。主要目的是检验车辆走合质量，完成必要的检查、润滑及清洁、紧固等作业，确保车辆正常运行。

**2. 原因**

汽车出厂后，各总成部件虽经厂家严格检验和必要磨合，但配合副之间还没有达到最佳配合状态，因此，对车辆走合期间的驾驶操作有明确的规定，限速（不超过 90~100km/h）、限载、定期检查维护。

✓ 知识点：

1）汽车走合周期：一般为 2000~3000km 或 6 个月，各车型应严格按照厂家规定的走合规范进行。

2）走合期间，由于车辆长期处于低速、小负荷运行，走合期结束后，应按厂家标准规范"拉高速"，以发挥该车型最大行驶潜能。

图 29-1 车辆使用——《用户手册》

#### （二）车辆走合期间主要操作项目

**1. 用户手册的学习**

1）认真阅读车辆《用户手册》，了解该车型的结构特征和使用性能，如图 29-1 所示。

2）熟悉仪表板工作状况，掌握各种警告灯和指示灯的含义，如图29-2所示。
3）掌握主要部件的操作方法，如多功能转向盘的使用，如图29-3所示。

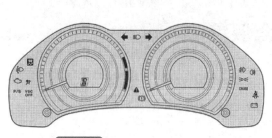

图29-2 仪表板的工作状况检查

图29-3 主要部件的操作使用（多功能转向盘）

**2. 检查**

1）检查发动机舱及车辆底部是否存在油液泄漏。
2）检查制动液、冷却液、玻璃洗涤液液面，并确保处于正常状态。
3）检查仪表、控制操作开关等性能。
4）检查离合器、变速器、驻车制动器、行车制动器等使用状况。
5）检查变速器、传动桥的润滑油液面高度。
6）检查水泵及发电机传动带松紧度。

**3. 润滑及清洁**

1）更换机油及机油滤清器。
2）清洁空气滤清器。

**4. 紧固**

1）按标准力矩紧固底盘所有的螺母。
2）车辆出厂后，由于各紧固部位已按标准力矩拧紧，并做了配合标记，如图29-4所示，只要标记线位置不变，也可省去紧固操作，但所有螺母必须检查到位。

✓ **知识点：新车走合期间的操作规范**

1）严禁发动机高速运转，严禁车辆超速、超载运行。
2）车辆预热达到正常温度后再起步，起步时轻踩加速踏板，平稳运行。
3）新制动器摩擦片也需"磨合"，因为在第一个200km内，摩擦片还不具备理想的摩擦状态，必须加大制动踏板力进行补偿。

图29-4 底盘配合件之间紧固螺栓与螺母配合标记

4）新轮胎也需"磨合"，特别是在第一个100km内，行驶应小心。

**二、学生训练**

**（一）车辆走合保养的主要目的**

训练时间：5min。
训练过程：车辆走合保养主要目的、原因等。

### （二）车辆走合期间主要操作项目

训练时间：30min。

训练过程：车辆走合保养的检查、润滑及清洁、紧固。

### 三、随堂练

**【选择题】**

1) 车辆走合期间，始终要保持限速、限载，车辆的最高速度不超过_____。
   A. 40~50km/h　　　　B. 90~100km/h　　　　C. 140~150km/h

2) 车辆走合保养的周期一般为_____。
   A. 6个月　　　　B. 2000~3000km　　　　C. 严格按厂家规定执行

3) 新制动器摩擦片也需"磨合"，因为在第一个_____内，摩擦片还不具备理想的摩擦状态，必须加大制动踏板力进行补偿。
   A. 200km　　　　B. 400km　　　　C. 600km

4) 新车出厂后，走合期内限速、限载的主要原因为_____。
   A. 配合副之间没有达到最佳配合状态
   B. 用户特别关注新车，不想高速运行
   C. 用户对车辆不熟悉，不能高速运行

5) 新车到厂家指定的特约维修站第一次保养所需费用，是否由厂家免费提供？_____。
   A. 不是　　　　B. 是　　　　C. 没有明确规定

### 四、训练结束后场地整理及授课总结（包含5S项目）

1) 车辆走合保养结束后工具、设备的清理及归位。
2) 车辆走合保养结束后的清洁和归位。
3) 指导老师总结实训课题，布置课后实习报告。

### 五、实习报告

| 姓　名 | | 班　级 | | 实习日期 | |
|---|---|---|---|---|---|
| 训练项目题目 | | | | | |

主要实训内容记录：

1. 车辆走合保养的主要目的：

2. 车辆走合保养主要的操作项目：

| 实训中疑难点的记录<br>（等待老师解决） | |
|---|---|
| 教师评语 | |

## 作业任务 30

# 发动机正时检查及正时带（链）更换

## 【项目目标】

1. 掌握发动机正时同步带（链）检查的操作方法。
2. 掌握发动机正时同步带（链）更换的操作方法。

## 【训练前准备】

1. 常规准备工作（卫生清扫、场地安全认定、人数清点等）。
2. 大众时代超人 1.8L 汽油发动机一台，大众 1.8L 缸内直喷汽油发动机一台。
3. 大众时代超人 1.8L 汽油发动机正时带一条，大众 1.8L 缸内直喷汽油发动机正时链一条，相关专用工具一套。

### 一、教师示范讲解

汽油发动机一般为四冲程顶置凸轮轴结构，曲轴和进、排气凸轮轴之间的同步传动是靠正时带或正时链条传递的，图 30－1 为正时带式正时传动机构，图 30－2 为正时链式正时传动机构。

图 30－1　正时带式正时传动机构　　图 30－2　正时链式正时传动机构

（一）正时同步带的检查及更换

正时同步带将曲柄连杆机构和配气机构联系在一起，确保了配气机构有确定的配气相位关系。

**1. 正时同步带使用状况检查**

1) 拆下同步带护罩。
2) 观察同步带是否存在裂纹、掉齿、齿部脱开及齿侧面磨损等现象，如图 30－3 所示。

正时带背面裂纹　　掉齿或齿根断裂　　齿部脱开或有裂纹　　正时带侧面磨损

图 30－3　同步带使用状况检查

✓ 知识点：同步带检查周期

1）一般为车辆每运行20000km检查一次。
2）具体检查周期以维修手册上规定的检查期限为准。

**2. 同步带预紧度检查与调整**

（1）同步带预紧度检查

用拇指和食指捏住凸轮轴齿轮和中间齿轮之间的同步带位置，以刚好转动同步带90°为宜，如图30-4所示。

（2）同步带预紧度调整

通过预紧度调整装置调整同步带预紧度，当达到标准时，锁紧调整装置，将同步带护罩上好，如图30-5所示。

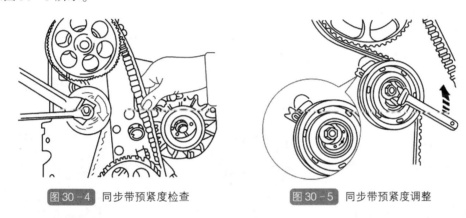

图30-4 同步带预紧度检查　　图30-5 同步带预紧度调整

**3. 正时同步带更换操作**

1）拆下正时同步带护罩。
2）转动发动机曲轴，使一缸上止点记号和凸轮轴记号都对正标记，如图30-6所示。

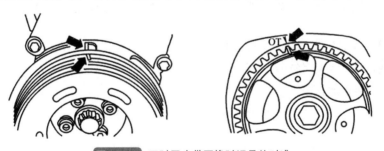

图30-6 正时同步带更换时记号的对准

3）松开同步带预紧力调整装置，取下旧的正时同步带。
4）安装新正时同步带，按标准调整好正时同步带的预紧度。
5）转动发动机曲轴至少720°，确认第一缸压缩上止点记号和凸轮轴记号都对正标记，再次检查正时同步带预紧度。
6）确认正时同步带预紧装置的安装情况，上好正时同步带护罩。

✓ 知识点：发动机正时同步带

1）正时同步带更换周期一般为80000～100000km，具体车型以厂家规定的更换周期为准。
2）若正时同步带到了规定的更换周期，经检查正时同步带使用状况良好，也必须更换新正时同步带。

3) 对于正时同步带预紧力自动调整式结构的发动机，曲轴顺时针转动时，该装置自动预紧正时同步带，而曲轴逆时针转动时预紧力调整装置不起作用。在维修作业时，若逆时针转动曲轴，会引起正时同步带变松，甚至发生跳齿，因此，禁止逆时针转动曲轴。

✓ **思考**：车辆运行过程中，若正时同步带出现断裂，发动机将发生何种损伤？_____。

**（二）正时链式传动机构检查及更换**

1) 在正时链条上施加150N左右的力，用游标卡尺测量15个节，测量2次取平均值，判断链条拉长是否超过极限值，如图30-7所示。

2) 进气侧正时链轮、排气侧正时链轮和曲轴正时链轮带上链条后测量直径，判断链轮的使用状况，如图30-8所示。

3) 正时链条的更换。

① 将链条按照正时记号与曲轴正时齿轮、凸轮轴正时齿轮对好，安装链条张紧装置并释放张紧力，如图30-9所示。

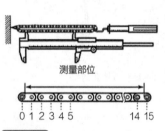
图30-7 正时链条使用状况检测

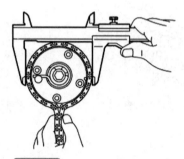
图30-8 正时链轮使用状况检测

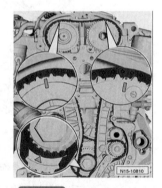
图30-9 正时链条的安装

② 确认链条张紧器状态，确保张紧器工作状况良好，将柱塞压入安装状态并锁止，如图30-10所示。

③ 转动曲轴25~30圈，使链条上的正时记号再次与曲轴正时齿轮，进、排气凸轮轴正时齿轮记号对正，确认发动机配气正时正确。

✓ **知识点**：发动机正时链条

1) 正时链条的更换周期一般为180000~200000km，具体车型以厂家规定的更换周期为准。

2) 正时链条与正时链轮一般同时更换，否则会产生传动噪声。

图30-10 链条张紧器安装前的检查及锁止状态

## 二、学生训练

**（一）正时同步带检查**

训练时间：5min。

训练过程：正时同步带使用状况检查、预紧力检查与调整。

**（二）正时同步带更换**

训练时间：20min。

训练过程：正时同步带更换工艺。

## （三）正时链条更换

训练时间：20min。

训练过程：正时链条更换工艺。

## 三、随堂练

**【选择题】**

1) 发动机正时同步带检查周期为_____。
   A. 20000km
   B. 40000km
   C. 以保养手册上规定的具体检查时间为准

2) 检查正时同步带预紧度时，用拇指和食指捏住凸轮轴齿轮和中间齿轮之间的同步带位置，以刚好转动正时同步带_____为宜。
   A. 90°
   B. 180°
   C. 270°

3) 更换正时同步带操作工艺中，正时带更换完毕后，需再次转动发动机曲轴至少_____，以确认第一缸上止点记号和凸轮轴记号都对正标记，再次检查正时带预紧度。
   A. 180°
   B. 360°
   C. 720°

4) 若正时同步带到了规定的更换周期，经检查正时同步带使用状况良好，是否更换正时带说法正确的为_____。
   A. 没有必要更换
   B. 必须更换
   C. 没有统一规定

5) 对于使用正时带结构式发动机，维修作业时需转动曲轴，曲轴的旋转方向为_____。
   A. 必须顺时针转动
   B. 必须逆时针转动
   C. 没有明确规定

## 四、训练结束后场地整理及授课总结（包含5S项目）

1) 车辆清洁归位，废料分类存放。
2) 正时带更换完毕后车辆的清理归位。
3) 指导老师总结实训课题，布置课后实习报告。

## 五、实习报告

| 姓　　名 | | 班　级 | | 实习日期 | |
|---|---|---|---|---|---|
| 训练项目题目 | | | | | |

主要实训内容记录：

1. 发动机正时同步带（链）检查：

2. 发动机正时同步带（链）更换：

| 实训中疑难点的记录<br>（等待老师解决） | |
|---|---|
| 教师评语 | |

## 作业任务 31

# 冷却液更换及冷却系统重要部件检查

## 【项目目标】

1. 掌握冷却液更换的操作方法。
2. 掌握冷却系统重要部件检测的操作方法。

## 【训练前准备】

1. 常规准备工作（卫生清扫、场地安全认定、人数清点等）。
2. 散热器盖检查用专用工具1只，器皿加热器1套，温度计1只，节温器1只。
3. 冷却液1桶（约4L），废液收集器皿1只。

### 一、教师示范讲解

#### （一）冷却液相关知识

**1. 冷却液成分**

冷却液主要成分为乙二醇和蒸馏水的混合液，有红色和绿色两种，均为长效冷却液。若过期使用冷却液，其内部的防锈成分会降低，散热器、管道、软管等将会损坏。成品冷却液如图31-1所示。

图31-1 成品冷却液

**2. 冷却液主要指标**

冷却液主要指标是冰点，有-25、-30、-35、-40、-45、-50六种型号，维修技师可根据车辆使用地区的最低温度，通过添加蒸馏水来调整冷却液冰点，乙二醇浓度越高，其冰点越低。

#### （二）冷却液更换操作

1) 冷却系统卸压处理。

① 车辆发动机停转至少10min以上，确保冷却液温度充分降低。

② 用厚的垫布压在散热器盖上，用手先逆时针转动45°，放出冷却系统内的蒸汽，再转动45°，拧下散热器盖，如图31-2所示。

2) 将车辆提升到高位，拧开散热器和机体上的放水开关，用洗油盆收集冷却液。为保护环境，按工业废水处理。

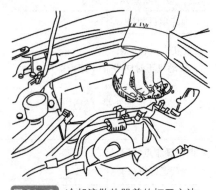

图31-2 冷却液散热器盖的打开方法

3）将清水加入冷却系统中，反复清洗几次，每次发动机运行 10min 以上，冷却系统清洗干净后，将冷却系统的水全部放出。

4）加入符合该车规定型号的冷却液，拧紧散热器盖。若为膨胀水箱式结构，应将膨胀水箱内的冷却液全部抽出，如图 31-3 所示，按标线加入新的冷却液。

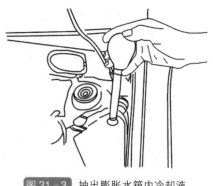

图 31-3 抽出膨胀水箱内冷却液

✔ **知识点：冷却液的定期更换**

1）冷却液随着使用时间的增长，出现冰点升高、沸点降低、变浑浊、腐蚀性增强等现象，且会在冷却系统通道内产生水垢，影响正常的散热性能，因此应按照维修手册要求，定期更换冷却液。

2）冷却液更换周期为 40000km 或 2 年。

### （三）冷却系统重要部件检查

**1. 节温器检查**

1）将拆下的节温器放在盛有冷水的器皿中，然后逐渐加热，如图 31-4 所示。

2）记录节温器阀门开始动作时的温度_____，阀门全部打开时的温度_____。查阅维修手册，从而确定节温器的工作性能。

✔ **知识点：节温器**

1）节温器安装在冷却系统的冷却液循环通道内，调节"大循环"和"小循环"，确保车辆起动时快速预热，温度升高后保持恒定冷却温度。

2）只有在出现冷却系统温度不正常时，才进行节温器性能检测，作为判断故障的依据。

3）一般节温器开启温度为 85℃ 左右，行程全开温度为 95℃ 左右。

**2. 散热器盖检查**

1）检查散热器盖上的橡胶密封圈是否损坏，如图 31-5 所示。

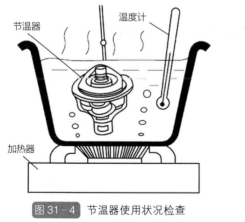

图 31-4 节温器使用状况检查

图 31-5 散热器盖密封圈检查

2）用专用检测仪器检查散热器盖上的压力阀和真空阀开启压力，判断是否在规定范围内，如图 31-6 所示。

### ✓ 知识点：散热器盖的开启压力

1）散热器盖上的压力阀维持了冷却系统较高的工作压力，提高了冷却液与周围空气的温差，增强了散热性能。当冷却液温度高于105℃时，才打开卸压，将冷却液排入膨胀水箱。

2）散热器盖上的真空阀确保冷却液温度降低、内部产生真空时打开，从膨胀水箱中补充冷却液，确保冷却系统内部有足够的冷却液，以免产生气阻。

3）压力阀的开启压力一般为130kPa左右，真空阀的开启压力一般在-20kPa左右。

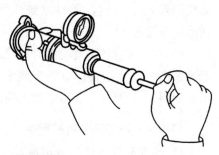

图31-6 散热器盖开启压力检测

## 二、学生训练

### （一）冷却液更换

训练时间：20min。

训练过程：冷却液的更换操作。

### （二）冷却系统重要部件检查

训练时间：20min。

训练过程：节温器检查、散热器盖检查。

## 三、随堂练

**【选择题】**

1）发动机冷却液的更换周期为_____。

  A．20000km 或一年

  B．40000km 或两年

  C．80000km 或四年

2）冷却系统液面降低时，允许添加少量_____补充。

  A．矿泉水　　　　B．蒸馏水　　　　C．电解液

3）发动机低温起动时，节温器为关闭工作状态，此时冷却系统工作在_____。

  A．大循环状态

  B．小循环状态

  C．可能是大循环状态，也可能是小循环状态

4）散热器盖的压力阀作用是_____。

  A．提高了冷却液的最高沸点温度

  B．降低了冷却液的最低沸点温度

  C．确保了发动机快速预热的实现

5）发动机冷却液的主要成分为_____。

  A．乙二醇　　　　B．酒精　　　　　C．蒸馏水

## 四、训练结束后场地整理及授课总结（包含5S项目）

1）作业完毕后工具、设备清洁及归位，车辆清理归位。
2）废液处理及废料分类存放。
3）指导老师总结实训课题，布置课后实习报告。

## 五、实习报告

| 姓　名 | | 班　级 | | 实习日期 | |
|---|---|---|---|---|---|
| 训练项目题目 | | | | | |

主要实训内容记录：

1. 冷却液更换：

2. 冷却系统重要部件检查：

| 实训中疑难点的记录（等待老师解决） | |
|---|---|
| 教师评语 | |

## 作业任务 32

# 燃油滤清器更换与供油压力检测

【项目目标】

1. 掌握汽油机燃油滤清器更换的操作方法。
2. 掌握汽油机燃油系统供油压力检测的操作方法。

【训练前准备】

1. 常规准备工作（卫生清扫、场地安全认定、人数清点等）。
2. 燃油滤清器外置式车辆一辆（如桑塔纳3000），上汽通用别克威朗15S自动进取型轿车一辆。
3. 符合该车要求的燃油滤清器1只，燃油压力检测仪表1只。

## 一、教师示范讲解

### （一）燃油滤清器更换

燃油滤清器过滤燃油中的杂质和水分，为确保供油系统的正常工作，定期更换燃油滤清器非常必要。

**1. 供油系统卸压处理**

1）将发动机熄火，拔下油泵继电器（或油泵电动机供电导线插头），运行发动机，直到供油轨中燃油因供油压力降低停止喷射，发动机熄火。

2）再次起动发动机，确认不能起动。

✓ 思考：为什么必须对供油系统卸压，才能进行燃油滤清器更换？

**2. 燃油滤清器更换**

（1）燃油滤清器外置式（一般装在车下）

1）将车辆安全举升到适当高度位置，拆下旧燃油滤清器，如图32-1所示。

2）更换新滤清器，注意滤清器的安装方向，如图32-2所示。

图32-1 拆下燃油滤清器

图32-2 注意燃油滤清器安装方向

3)将车辆降至最低位置,装上油泵继电器(或连接油泵电动机供电导线插头),运行发动机 2~3min 后,将车辆升至最高位置,观察燃油滤清器油管接头处是否渗漏。

(2)燃油滤清器内置式(在油箱内部)

1)拆下后排座椅,拆下与燃油滤清器总成相连接的油管和导线,将燃油滤清器及油泵总成取出,如图 32-3 所示。

2)操作过程中,注意保护油泵和燃油量传感器。

3)安装燃油泵总成后,连接好管路及导线,起动发动机运行 2~3min,确认油管和导线的连接状况,装好后排座椅,燃油滤清器更换操作完毕。

图 32-3 拆下燃油泵总成

✓ **知识点**:燃油滤清器更换周期一般为 25000~30000km。

**(二)供油压力检测**

1)对燃油系统卸压后,从供油压力检测接口处安装压力表,如图 32-4 所示。

2)起动发动机运行,检测燃油供给系统压力。

① 发动机怠速运行,燃油压力为 _____ MPa。(一般为 0.25MPa 左右)

② 逐渐提升发动机转速,燃油压力为 _____,当节气门全开时,燃油压力为 _____ MPa。(一般为 0.30MPa 左右)

③ 发动机怠速运行,将油压调节器上的真空软管拔下,燃油压力为 _____ MPa。

④ 单向阀的密封性检测:发动机熄火后保持 5min,燃油压力降低应不大于 50kPa。

3)燃油压力检测完毕后,需对供油系统卸压处理,然后取下燃油压力表,并确认检测接口处不存在渗漏。

✓ **知识点**:供油压力检测

1)在发动机排除故障作业过程中,有时需要检测燃油系统的供油压力。

2)不同类型发动机,燃油供给压力标准不同,以维修资料为准。

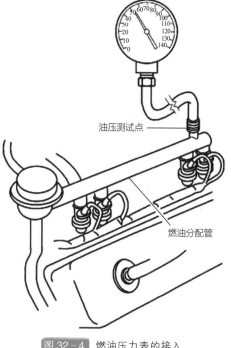

图 32-4 燃油压力表的接入

3)发动机供油压力与进气歧管之间要保持恒定的压力差,发动机工作时,随着节气门逐渐打开,节气门后方的压力也逐渐升高。因此,随着节气门开度增大,供油系统的压力也会逐渐 _____。

**二、学生训练**

**(一)燃油滤清器更换**

训练时间:15min。

训练过程:供油系统卸压处理、燃油滤清器更换。

## （二）供油压力检测

训练时间：15min。

训练过程：供油系统卸压处理、供油压力检测。

## 三、随堂练

**【选择题】**

1) 供油系统卸压操作时，拔下油泵继电器或油泵供电导线插头，目的是让_____停止工作。
   A. 供油泵　　　　　　B. 喷油器　　　　　　C. 油压调节器

2) 发动机工作时，随着节气门逐渐开大，供油系统油压将_____。
   A. 逐渐降低　　　　　B. 逐渐升高　　　　　C. 保持不变

3) 检测供油单向阀密封性时，标准为发动机熄火后保持5min，燃油压力降低不大于_____。
   A. 50kPa　　　　　　B. 100kPa　　　　　　C. 150kPa

4) 更换燃油滤清器时，燃油滤清器安装_____。
   A. 有方向性　　　　　B. 无方向性　　　　　C. 没有明确规定

5) 检查燃油系统供油压力时，发动机处于运转状态，将油压调节器上的真空软管拔下，燃油压力保持_____。
   A. 供油压力的平均值　B. 供油压力的最小值　C. 供油压力的最大值

## 四、训练结束后场地整理及授课总结（包含5S项目）

1) 作业完成后工具、检测压力表的清洁及归位。
2) 废料的分类存放、车辆清洁整理、场地清理。
3) 指导老师总结实训课题，布置课后实习报告。

## 五、实习报告

| 姓　名 | | 班　级 | | 实习日期 | |
|---|---|---|---|---|---|
| 训练项目题目 | | | | | |

**主要实训内容记录：**

1. 燃油滤清器更换：

2. 供油压力检测：

| 实训中疑难点的记录（等待老师解决） | |
|---|---|
| 教师评语 | |

## 作业任务33

# 供油系统及节气门体清洗

## 【项目目标】

1. 掌握汽油发动机供油系统清洗的操作方法。
2. 掌握汽油发动机节气门体清洗的操作方法。

## 【训练前准备】

1. 常规准备工作(卫生清扫、场地安全认定、人数清点等)。
2. 供油系统在车清理设备1套,喷油器清洗分析仪1台。
3. 化油器清洗液1桶,喷油器清洗分析液1桶。

### 一、教师示范讲解

#### (一)汽油发动机供油系统清洗

汽车发动机供油系统的清洗包括喷油器拆下清洗和喷油器不拆下的在车清洗,喷油器拆下清洗效果好于在车清洗。

**1. 供油系统的在车清洗**

1)对车辆供油系统进行卸压操作,并保持燃油泵停止工作状态。

2)拆下供油轨上的进油口,与清洗分析仪相接,然后把清洗液加入到清洗分析仪中,将上盖密封好,并外接恒压气源,如图33-1所示。

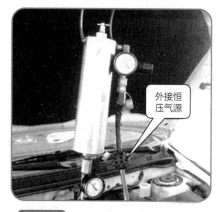

图33-1 清洗分析仪接入供油系统

✓ **注意**:若供油系统有回油管装置,应先拆下回油管,再将供油轨的回油口堵死,否则清洗液很快就流到燃油箱中。

3)调整清洗分析仪的供油压力,保持在0.30MPa左右。

4)确认供油系统与清洗分析仪连接的密封性后,起动车辆运行,保持发动机1500~2500r/min运转,使清洗液经喷油器进入气缸中、燃烧后排出,让喷油器、进气歧管、进气门、气缸及活塞、排气门等得到清洗。

5)全部用完清洗液、发动机熄火后,拆下清洗分析仪,接上燃油管道,恢复燃油系统正常的供油状态,运行发动机3min左右,确认燃油管路接口没有渗漏。

✓ **知识点**:

1)供油系统的在车清洗,目的在于清洗掉附着在节气门、进气通道、进气门、气缸内的积炭。

2）供油系统的在车清洗一般结合发动机保养同时进行，当在车清洗完成后，有些积炭会进入机油内，所以在车清洗完供油系统后，要紧接着进行机油的更换。

**2. 喷油器的车外清洗**

1）对燃油系统进行卸压处理。

2）拔下喷油器上的电气控制插头，拆下供油轨，取下所有喷油器。

✓ **注意**：拆下喷油器时，要对喷油器做好记号，以防安装时发生错乱。

3）检查喷油器与进气歧管之间的密封垫片状况，若密封垫片损坏，应更换新垫片。

4）在高频清洗仪的容器中倒入喷油器清洗液，把所有拆下的喷油器放入容器中，通过高频振荡程序清洗喷油器上的积炭和胶质，如图33-2所示。

5）结束高频振荡清洗后，把喷油器安装在喷油器清洗分析仪上，按喷油器自动清洗程序完成喷油器的清洗和分析，如图33-3所示。

6）清洗过程中，检查各喷油器的喷射角度、雾化状况，要求喷油形状一致、停喷后不滴油，否则应更换喷油器。

图33-2 喷油器表面胶质和积炭的高频振荡清洗

7）拆下喷油器总成，用万用表测量喷油器线圈电阻，一般高阻值型喷油器线圈电阻在12～16Ω之间，如图33-4所示。

图33-3 喷油器的自动清洗、分析

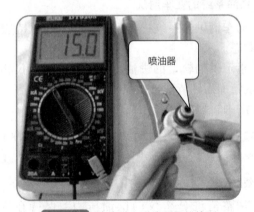

图33-4 喷油器电磁线圈阻值检测

8）将喷油器安装在供油系统中，然后运行发动机3min左右，确认燃油系统没有泄漏。

**（二）节气门体清洗**

1）从进气歧管上拆下节气门体。

✓ **注意**：一般节气门体与冷却系统管道连接，拆卸前，首先要对冷却系统进行卸压操作，卸压完毕后，将散热器盖拧紧，然后拆下冷却管道。

2）用化油器清洗剂对节气门体进行清洗，如图33-5所示。

①带怠速旁通道式节气门体，除认真清洗节气门处灰尘外，还要将怠速调整电磁阀拆下，清洗干净旁通道。

②无怠速旁通道式节气门体，把节气门及与节气门相接处的通道壁清洗干净。

③节气门体清洗后，检查节气门与节气门体处的密封性、节气门回位状况等。

④将节气门体安装在进气歧管上，起动发动机运行，观察是否存在漏气、漏液等状况。

⑤发动机运行3min左右熄火，调整冷却系统液面到规定值。

图33-5 节气门体的清洗

✓ 知识点：节气门体清洗

1）节气门体清洗后，有时出现发动机怠速过高现象，这是由于怠速通道内灰尘清理后，进气量增多所致。若出现该种情况，不要急于调整，控制单元会慢慢恢复正常怠速的。

2）若怠速不能自动恢复到正常值，可用智能故障分析仪进行怠速归位处理。

## 二、学生训练

**（一）汽油发动机供油系统清洗**

训练时间：30min。

训练过程：供油系统的在车清洗、喷油器的车外清洗。

**（二）节气门体清洗**

训练时间：15min。

训练过程：节气门体的拆卸、清洗、安装。

## 三、随堂练

【选择题】

1）供油系统在车清洗时，调整清洗分析仪的供油压力，保持在_____左右。

    A. 0.20MPa      B. 0.30MPa      C. 0.40MPa

2）供油系统在车清洗时，_____部件没有被清洗到。

    A. 喷油器      B. 进、排气门      C. 节气门体

3）喷油器车外清洗完成后，需检查喷油器电磁线圈的阻值，其中高阻值型喷油器电磁线圈的电阻值为_____。

    A. 5~10Ω      B. 12~16Ω      C. 20~25Ω

4）节气门体清洗后，装入后试车运行，一般起动后会出现发动机怠速_____现象。

    A. 过高      B. 过低      C. 不稳

## 四、训练结束后场地整理及授课总结（包含5S项目）

1）作业完成后供油系统在车清洗设备、喷油器清洗分析仪的清洁及归位。

2）作业完成后实训车辆的清洁归位，操作场地的整理。

3）指导老师总结实训课题，布置课后实习报告。

## 五、实习报告

| 姓　　名 | | 班　级 | | 实习日期 | |
|---|---|---|---|---|---|
| 训练项目题目 | | | | | |

**主要实训内容记录：**

1. 汽油发动机供油系统的清洗：

2. 节气门体清洗：

| 实训中疑难点的记录（等待老师解决） | |
|---|---|
| 教师评语 | |

# 作业任务 34

## 汽油机点火系统检测

【项目目标】

1. 掌握汽油发动机点火系统检查的操作方法。
2. 掌握汽油发动机火花塞检查及更换的操作方法。

【训练前准备】

1. 常规准备工作（卫生清扫、场地安全认定、人数清点等）。
2. 上汽通用别克威朗 15S 自动进取型轿车一辆。
3. 普通型火花塞 1 套，铂金或铱金火花塞 1 套，火花塞更换专用工具 1 套。

## 一、教师示范讲解

### （一）汽油发动机点火系统检查

点火系统是确保汽油发动机正常工作的机构之一，有分电器点火式、双缸点火式和独立点火式等几种类型，其中独立点火方式工作性能最为稳定，也是现代汽油机最常用的一种点火方式。

**1. 分电器式点火系统**

1）检查点火系统分电器、点火线圈、高压导线等部件状况，如图 34-1 所示。
2）打开分电器盖，检查分电器盖、分火头上是否存在裂纹、烧蚀等，如图 34-2 所示。

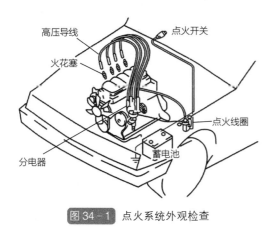

图 34-1　点火系统外观检查

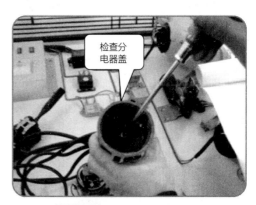

图 34-2　分电器使用状况检查

3）测量高压线电阻是否在规定值范围内，如图 34-3 所示。

4）检测点火线圈，初级绕组电阻应为 $0.5～1.5\Omega$，次级绕组电阻应为 $4～6k\Omega$，如图 34-4 所示。

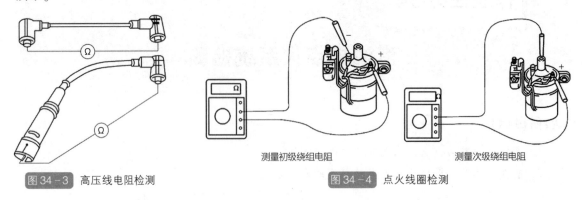

图 34-3　高压线电阻检测　　　　图 34-4　点火线圈检测

**2. 双缸点火式点火系统**

1）检查点火线圈控制模块固定状况、导线插头连接状况、高压线连接状况等，如图 34-5 所示。

2）用万用表测量点火线圈初级绕组电阻和次级绕组电阻，判断是否在规定范围值之内。

**3. 独立点火式点火系统**

检查点火线圈插接器的连接状况，确保插接器连接可靠，如图 34-6 所示。

图 34-5　无分电器双缸点火式点火系统检查

图 34-6　独立点火式点火系统线圈检查

**（二）火花塞检查及更换**

**1. 火花塞检查**

1）清理气缸体上安装火花塞的部位，用专用工具拧下火花塞，注意防止其他异物进入气缸。

2）检查火花塞电极的磨损情况，电极边缘是否存在磨损或变圆等状况，如图 34-7 所示。

3）检查火花塞绝缘体是否存在裂纹、端子腐蚀和安装螺纹损坏等状况，如图 34-8 所示。

4）检查并清理电极上的积炭，检查并调整火花塞电极间隙，如图 34-9 所示。

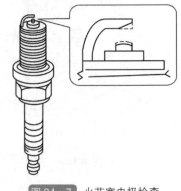

图 34-7　火花塞电极检查

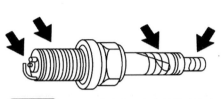
图34-8 火花塞绝缘体、安装螺纹处检查

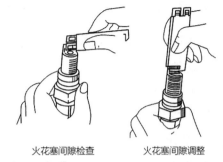
图34-9 火花塞电极间隙检查及调整

5) 检查密封垫片状况,用手拧上火花塞,用专用工具将火花塞拧紧至规定力矩。

✓ 知识点:火花塞检查

1) 火花塞检查周期为10000km。
2) 火花塞电极间隙一般为1.0~1.2mm。

**2. 火花塞更换**

1) 普通火花塞更换周期为20000km,铂金或铱金火花塞更换周期为100000km。
2) 更换操作与火花塞检查拆装工艺相同。

## 二、学生训练

**(一)汽油发动机点火系统检查**

训练时间:30min。

训练过程:传统分电器式、无分电器双缸点火式、独立点火式点火系统的检查。

**(二)火花塞检查及更换**

训练时间:15min。

训练过程:火花塞检查、火花塞更换。

## 三、随堂练

【选择题】

1) 双缸点火式点火系统若为四缸发动机,使用的点火线圈数量为_____。
   A. 1个  B. 2个  C. 4个

2) 火花塞的检查周期为_____。
   A. 10000km  B. 20000km  C. 30000km

3) 点火线圈的初级绕组电阻值为_____。
   A. 0.5~1.5Ω  B. 5~7Ω  C. 10~11Ω

4) 火花塞的电极间隙一般为_____。
   A. 0.5~0.7mm  B. 1.0~1.2mm  C. 1.5~1.7mm

5) 一般情况下,铂金或铱金火花塞的更换周期为_____。

A. 50000km      B. 100000km      C. 150000km

## 四、训练结束后场地整理及授课总结（包含5S项目）

1）作业完毕后车辆的清洁及归位。
2）设备、工具清洁归位，实训场地整理。
3）指导老师总结实训课题，布置课后实习报告。

## 五、实习报告

| 姓　名 | | 班　级 | | 实习日期 | |
|---|---|---|---|---|---|
| 训练项目题目 | | | | | |

主要实训内容记录：

1. 汽油发动机点火系统检查：

2. 火花塞检查及更换：

| 实训中疑难点的记录（等待老师解决） | |
|---|---|
| 教师评语 | |

# 作业任务 35

## 蓄电池使用状况检查

【项目目标】

1. 掌握蓄电池检查的操作方法。
2. 掌握蓄电池充电操作方法。

【训练前准备】

1. 常规准备工作（卫生清扫、场地安全认定、人数清点等）。
2. 蓄电池专用补充液一瓶。
3. 蓄电池密度测量计两只（光学仪器型、传统密度计型）。

一、教师示范讲解

（一）蓄电池使用状况检查

**1. 蓄电池电解液液面高度检查及调整**

1) 通过观察蓄电池外壳上电解液高度刻度线，确定电解液液面高度，如图 35-1 所示。

2) 通过玻璃试管法检查电解液液面高度：将长 150~200mm、内径 4~6mm 的玻璃管插入蓄电池单格电池中，用拇指压住玻璃管上端，提起玻璃管，此时玻璃管内电解液的高度就为蓄电池液面高度，正常值为 10~15mm，如图 35-2 所示。

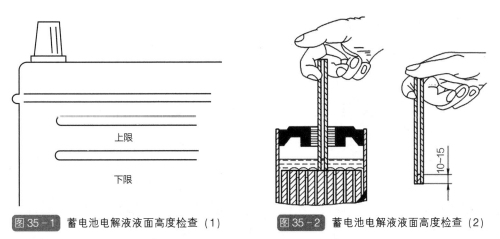

图 35-1 蓄电池电解液液面高度检查（1）　　图 35-2 蓄电池电解液液面高度检查（2）

3) 若蓄电池液面高度过低，应添加蒸馏水或蓄电池补充液调整液面高度，但不能添加蓄电池原液，如图 35-3 所示。

**2. 蓄电池外部检查**

1）检查蓄电池外壳是否存在电解液渗漏，有无其他损坏，如图35-4所示。

图35-3 蓄电池电解液液面高度调整

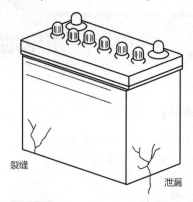

图35-4 蓄电池壳体损坏状况检查

2）检查蓄电池正、负极柱是否存在腐蚀，如图35-5所示。

3）检查蓄电池端子导线与极柱之间连接是否松动，如图35-6所示。

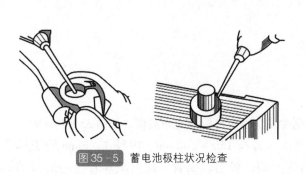

图35-5 蓄电池极柱状况检查

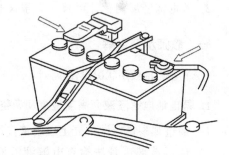

图35-6 蓄电池端子导线连接状况检查

**3. 蓄电池通风孔检查**

检查蓄电池加液盖通风孔是否畅通，如图35-7所示。

**4. 蓄电池充、放电程度检查**

1）通过电解液密度计检查，如图35-8所示。

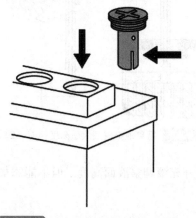

图35-7 蓄电池加液盖通风孔状况检查

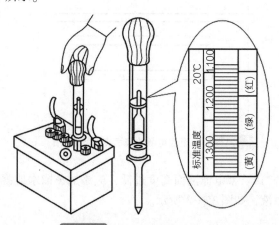

图35-8 蓄电池充放电程度检查

2) 通过专用电解液密度计检查，如图35-9所示。

✓ **知识点：**

蓄电池充放电程度可用电解液密度来表示，电解液密度越高，蓄电池存电量越多。充足电的蓄电池电解液密度为1.25~1.28，若电解液密度低于1.25，需对蓄电池充电。

**(二) 蓄电池充电**

拧下蓄电池上所有加液盖，调整液面高度后，连接蓄电池与充电机，如图35-10所示，充电电流定为蓄电池容量的1/10，连续充电时间不超过12h。

图35-9 蓄电池充放电程度检查

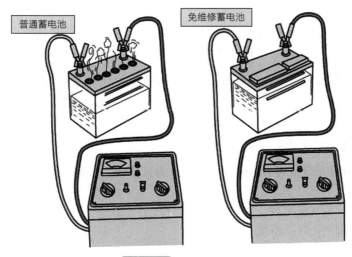

图35-10 蓄电池充电

✓ **注意事项：**

1) 蓄电池电解液具有强烈的腐蚀性，操作过程中要特别小心，若电解液喷溅到皮肤或衣服上，应该用大量清水清洗；如果眼睛接触到了电解液，应马上用清水或肥皂水清洗，并及时就医。

2) 调整电解液液面高度时，不要超出最高刻度上线，否则充电时会引起电解液溢出。

3) 充电过程中，一定要把所有的加液盖拧下，以便使蓄电池内产生的气体顺利排出（免维护蓄电池除外）。

4) 充电场所要保持良好的通风，严禁明火或产生火花的作业，以免蓄电池爆炸。

5) 充电过程中，蓄电池电解液温度高于45℃时，应暂时停止充电作业。

## 二、学生训练

**(一) 蓄电池检查操作**

训练时间：10min。

训练过程：液面高度检查及调整、蓄电池外部检查、充放电程度检查。

**(二) 蓄电池充电操作**

训练时间：20min。

训练过程：充电前安全检查、充电机与蓄电池连接、充电参数选择及调整等。

### 三、随堂练

**【判断题】**

1) 蓄电池正极柱、负极柱尺寸型号完全一致。（    ）
2) 免维护蓄电池无须对电解液液面进行调整。（    ）
3) 蓄电池液面过低时，可用蓄电池原液来调整液面高度。（    ）
4) 蓄电池电解液密度越低，说明蓄电池充电越足。（    ）
5) 蓄电池充电场所必须保持良好的通风环境。（    ）

**【选择题】**

1) 用玻璃管检查蓄电池电解液液面高度时，要求液面高出极板_____。
   A．10～15mm　　　　　B．15～20mm　　　　　C．20～25mm

2) 蓄电池充电作业时，若采用常规充电，充电电流定为蓄电池容量的_____。
   A．1/4（A）　　　　　B．1/5（A）　　　　　C．1/10（A）

3) 蓄电池充电过程中，若出现蓄电池电解液温度高于_____时，应暂时停止充电作业。
   A．35℃　　　　　　　B．45℃　　　　　　　C．55℃

4) 蓄电池充电完成后，电解液密度为_____。
   A．1.15～1.20　　　　B．1.20～1.25　　　　C．1.25～1.28

5) 蓄电池接近充足电量时，电解液内将释放大量气体，主要原因为_____。
   A．电解液内的水分蒸发
   B．电解液内的硫酸蒸发
   C．水被电解产生了大量氢气和氧气

### 四、训练结束后场地整理及授课总结（包含5S项目）

1) 蓄电池专用补充液容器的清洁存放或废料分类处理。
2) 蓄电池密度计的清洁及归位。
3) 指导老师总结实训课题，布置课后实习报告。

### 五、实习报告

| 姓　　名 | | 班　级 | | 实习日期 | |
|---|---|---|---|---|---|
| 训练项目题目 | | | | | |

**主要实训内容记录：**

1. 蓄电池使用状况检查：

2. 蓄电池充电操作：

| 实训中疑难点的记录（等待老师解决） | |
|---|---|
| 教师评语 | |

## 作业任务 36

# 冷却液、空调、自动传动桥液位检查

## 【项目目标】

1. 掌握发动机冷却液检查的操作方法。
2. 掌握汽车空调检查的操作方法。
3. 掌握自动传动桥液位检查的操作方法。

## 【训练前准备】

1. 常规准备工作（卫生清扫、场地安全认定、人数清点等）。
2. 一汽丰田卡罗拉1.6AT轿车一辆，上汽通用别克威朗15S自动进取型轿车一辆。
3. 丰田卡罗拉专用自动变速器液1桶（4L），冷却液1桶（4L）。

### 一、教师示范讲解

#### （一）发动机冷却液检查

发动机运行预热到正常的工作温度后熄火，检查冷却系统工作状况，操作时要佩戴手套，以防过热烫伤，如图36-1所示。

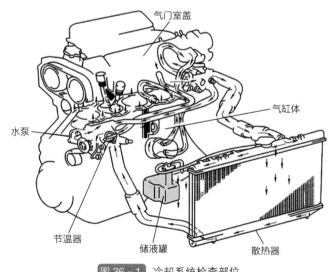

图 36-1　冷却系统检查部位

**1. 冷却系统泄漏状况检查**

1) 检查散热器是否泄漏。
2) 检查橡胶软管是否泄漏。

3）检查软管夹周围是否泄漏。
4）检查散热器盖是否泄漏。

**2. 检查橡胶软管**

检查橡胶软管是否存在裂纹、凸起和硬化。

**3. 检查冷却管道安装情况**

1）检查橡胶软管连接是否松动。
2）检查夹箍安装是否松动。

### （二）自动传动桥液位检查

1）发动机暖机运行，使自动传动桥油温预热到 70~80℃，踩下制动踏板，将变速杆从"P""R""N""D""2"到"1"位后，再将变速杆由"1""2""D""N""R"推至"P"位，每个档位至少停顿 2s 以上，以便油液充分循环，如图 36-2 所示。

2）保持发动机运行状态，检查自动传动桥液位，应在规定值范围内，如图 36-3 所示。

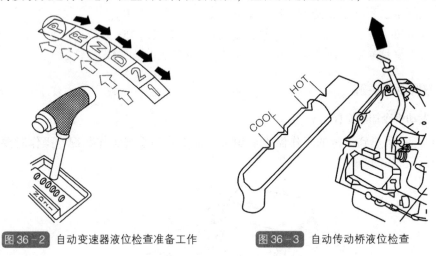

图 36-2 自动变速器液位检查准备工作    图 36-3 自动传动桥液位检查

✓ **知识点：**

1）自动变速器油液热态和冷态检查时，油液的刻度范围不同，在热态检查时，温度升高会引起液体体积膨胀，液面会变高。

2）自动变速器油（ATF）一般正常行驶情况每 12 万 km 更换一次，恶劣行驶情况每 6 万 km 更换一次。

### （三）空调使用状况检查

1）发动机运行暖机后，将所有车门打开，以便使室内热气迅速蒸发，如图 36-4 所示。

2）打开空调开关，将温度调至最低、出风量调至最大、保持发动机 1500r/min 左右运转一段时间，关闭汽车空调的瞬间，通过观察孔检查制冷剂的流动状况，以确定空调的性能。

图 36-4 空调检查准备工作

✓ **知识点：** 汽车空调工作时，制冷剂流动状态如图 36-5 所示。

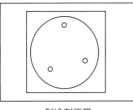 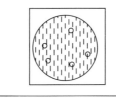 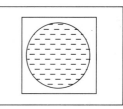

| 制冷剂正常 | 制冷剂不足 | 制冷剂过少或过多 |

图 36-5　制冷系统观察孔制冷剂流动状况

① 几乎透明，且有少量气泡生成，随着发动机转速升高而消失，属于正常。
② 不太透明，有大量气泡生成并流动，表明系统中制冷剂不足。
③ 不透明，没有气泡生成，能看见雾状气体，表明系统中制冷剂过多或过少。
④ 观察孔变得浑浊，表明干燥剂脱离或系统中有水分。

## 二、学生训练

**（一）发动机冷却液检查**

训练时间：5min。

训练过程：泄漏状况检查、安装状况检查等。

**（二）自动传动桥液位检查**

训练时间：5min。

训练过程：检查前准备工作、自动传动桥液位高度检查等。

**（三）汽车空调检查**

训练时间：5min。

训练过程：检查前准备工作、制冷剂流动状况检查。

## 三、随堂练

【判断题】

1) 发动机冷却系统管路接口允许有少量的冷却液泄漏。　　　　　　　　　　（　　）
2) 检查自动传动桥液位高度时，若在发动机停转状况下进行，液位会变低。　（　　）
3) 检查空调性能时，条件之一是发动机转速要保持在 2500r/min 左右运行。　（　　）
4) 检查空调性能时，若发现观察孔内不太透明，且有大量气泡生成并流动，该状况为系统中制冷剂不足。　　　　　　　　　　　　　　　　　　　　　　　　　　（　　）
5) 冷却系统橡胶软管存在裂纹、凸起和硬化时，应及时更换。　　　　　　　（　　）

## 四、训练结束后场地整理及授课总结（包含5S项目）

1) 废料的分类处理。
2) 指导老师总结实训课题，布置课后实习报告。

## 五、实习报告

| 姓　名 | | 班　级 | | 实习日期 | |
|---|---|---|---|---|---|
| 训练项目题目 | | | | | |

**主要实训内容记录：**

1. 发动机冷却液检查：

2. 自动传动桥液位检查：

3. 汽车空调性能检查：

| 实训中疑难点的记录（等待老师解决） | |
|---|---|
| 教师评语 | |

# 作业任务 37

# 发动机密封性检测

## 【项目目标】

1. 掌握发动机气缸压力的检测方法。
2. 掌握发动机气缸漏气率的检测方法。

## 【训练前准备】

1. 常规准备工作（卫生清扫、场地安全认定、人数清点等）。
2. 汽油发动机汽车 1 部，柴油发动机汽车 1 部。
3. 气缸压力检测表一套，气缸漏气率检测仪一套。

### 一、教师示范讲解

发动机密封性是车辆动力性能的决定性指标，检测发动机密封性的方法主要有两种，一是气缸压力检测法，二是气缸漏气率检测法。

（一）发动机气缸压力检测

**1. 气缸压力表**

1）汽油机气缸压力表量程为 0～3.0MPa，如图 37-1 所示。
2）柴油机气缸压力表量程为 0～6.0MPa，如图 37-2 所示。

图 37-1 汽油机气缸检测压力表

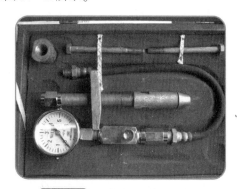

图 37-2 柴油机气缸检测压力表

**2. 发动机气缸压力检测操作步骤**

1）预热发动机，达到正常的工作温度，然后熄火。
2）准备好相应量程的气缸压力表，拆下发动机上的所有火花塞，断开喷油器供电插头，如图 37-3 所示。

3）测量由两人合作完成。一人将气缸压力表用力按在气缸盖上的火花塞安装处，并且保证压力表测头与火花塞安装口良好的密封；另一人坐在驾驶室内，将加速踏板踩到底，保持节气门全开，用起动机带动发动机运转，气缸压力表上的读数即为该气缸的气缸压力。用同样方法测出各缸的气缸压力，如图37-4所示。

图37-3 气缸密封性检验准备工作

图37-4 气缸压力的检测操作

**3. 发动机气缸压力检测技术标准**

1）汽油发动机：一般情况下，气缸压力的标准值为1.0~1.2MPa，且各缸的气缸压力差不大于5%。

2）柴油发动机：一般情况下，气缸压力的标准值为1.7~2.2MPa，且各缸的气缸压力差不大于5%。

3）蓄电池处于充足电状况，起动电压降不大于1.5V；起动机运转状况良好。

**4. 发动机气缸压力测试结果分析**

1）要求各气缸的气缸压力在该型号发动机维修资料的规定范围内，且各气缸的压力差不大于5%。现代汽油机的标准气缸压力一般为1.0~1.3MPa。

2）若某一气缸压力较低，应在该气缸中加入约20mL机油，重新测量气缸压力，若气缸压力明显提升，说明气缸压力不足是由活塞、活塞环、气缸的密封性不良引起的；若气缸压力没有明显升高，说明气缸压力不足是由气门与气门座圈密封性不良引起的。

3）重新调整气门间隙，确认气缸密封性不良是否由气门间隙调整不当引起。

4）发动机转速对测试结果影响较大，应保持蓄电池和起动机处于良好的工作状态。

**5. 气缸密封性相关知识点**

1）气缸的密封性是发动机性能的主要标志之一，气缸密封性的好坏直接关系到发动机的动力性、经济性和排放达标性。气缸密封性主要由气门与气门座圈的密封性和活塞、活塞环、气缸的密封性决定，无论哪一方面密封性变差，都会引起气缸的密封性能降低。

2）对同一台发动机而言，除要求各气缸的气缸压力在规定的范围值之内外，同时，各气缸的气缸压力差不大于5%。若各气缸的压力差值过大，会引起发动机曲柄连杆机构的动不平衡，从而导致发动机运行过程中出现不平稳现象，特别是怠速运行时发动机抖动明显。

**（二）气缸漏气率检测**

**1. 气缸漏气率检测仪**

1）使用前观察仪表指示状况，正常表针应当处于"0"位置，如图37-5所示。

2）连接快速通气插头，转动调节旋钮，调整气压至标准 0.8MPa 位置，正常情况下左、右两表气压值应该相同，如图 37-6 所示。

图 37-5　气缸漏气率检测仪使用前检查(1)

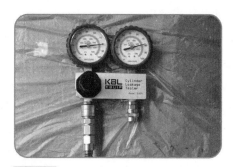

图 37-6　气缸漏气率检测仪使用前检查(2)

**2. 发动机气缸漏气率检测操作步骤**

1）将发动机预热到正常的工作温度后熄火，拧下所有火花塞，将气缸漏气率测试头与火花塞螺纹比对，选取适当的气缸漏气率测试头，如图 37-7 所示。

2）确定第一缸压缩上止点，将漏气率检测仪测试头拧入第一缸，连接好快速连接插头与漏气率检测仪，使用专用工具锁止飞轮，使发动机不能转动，进行漏气率检测，如图 37-8 所示。

图 37-7　气缸漏气率测试头的比对选取

图 37-8　气缸漏气率检测仪的使用

3）转动气压调节旋钮，将供气压力调节到 0.8MPa，观察气缸室压力表的数值，将数值填入表 37-1。正常情况下压力值不低于供气压力的 85% 以上，若低于此值，应该检查漏气原因。

表 37-1　发动机气缸漏气率分析

|  | 第一缸 | 第二缸 | 第三缸 | 第四缸 |
| --- | --- | --- | --- | --- |
| 供气压力 |  |  |  |  |
| 气缸压力 |  |  |  |  |
| 漏气率 |  |  |  |  |
| 漏气部位 | 节气门位置　□<br>排气管位置　□<br>机油加注口位置　□<br>散热器盖位置　□ | 节气门位置　□<br>排气管位置　□<br>机油加注口位置　□<br>散热器盖位置　□ | 节气门位置　□<br>排气管位置　□<br>机油加注口位置　□<br>散热器盖位置　□ | 节气门位置　□<br>排气管位置　□<br>机油加注口位置　□<br>散热器盖位置　□ |

4）按照发动机工作顺序，如1-3-4-2，将所有气缸的漏气率测量完，数据计入表格，进行发动机漏气率分析。

**3. 发动机漏气率测试结果分析**

若测试某一气缸的漏气率大于15%以上，应该找出漏气所在位置。

1）保持气缸漏气率检测仪处于通气状态，检查节气门位置是否有气体漏出，如图37-9所示，该种类型的漏气是由于进气门密封不良引起的。

2）保持气缸漏气率检测仪处于通气状态，检查排气管位置是否有气体漏出，如图37-10所示，该种类型的漏气是由于排气门密封不良引起的。

图37-9 节气门位置漏气检查

图37-10 排气管位置漏气检查

3）保持气缸漏气率检测仪处于通气状态，检查机油加注口位置是否有气体漏出，如图37-11所示，该种类型的漏气是由气缸、活塞和活塞环密封不良引起的。

4）保持气缸漏气率检测仪处于通气状态，检查散热器盖位置是否有气体漏出，如图37-12所示，该种类型的漏气一般是由气缸垫损坏引起的。

图37-11 机油加注口位置漏气检查

图37-12 散热器盖位置漏气检查

## 二、学生训练

**（一）发动机气缸压力测试**

训练时间：30min。

训练过程：气缸压力表性能检查、发动机预热、火花塞拆下、气缸压力检测、气缸压力测试结果分析。

## (二) 发动机漏气率检测

训练时间：30min。

训练过程：气缸漏气率检测仪性能检查、发动机预热、火花塞拆下、一缸压缩上止点确认、按发动机点火顺序测量漏气率、测试结果分析。

## 三、随堂练

【判断题】
1) 进行发动机气缸压力测试时，发动机转速对其测量值影响较大。（    ）
2) 发动机气缸压力测试结果要求，各缸气缸压力值应基本相当，压力差以不大于10%为准。（    ）
3) 气缸漏气率检测仪使用前，首先要检查该仪器使用性能是否满足检测要求。（    ）
4) 气缸漏气率分析检测过程中，若发现排气管处存在漏气，说明该缸排气门密封不良。（    ）
5) 气缸漏气率分析时，只要气缸漏气率不大于15%即认为该缸气缸密封性良好。（    ）

## 四、训练结束后场地整理及授课总结（包含5S项目）

1) 仪器、仪表使用后的清洁及归位。
2) 指导老师总结实训课题，布置课后实习报告。

## 五、实习报告

| 姓　　名 | | 班　级 | | 实习日期 | |
|---|---|---|---|---|---|
| 训练项目题目 | | | | | |

**主要实训内容记录：**

1. 气缸压力表使用：

2. 气缸压力检测及测试结果分析：

3. 气缸漏气率检测仪使用：

4. 气缸漏气率检测及测试结果分析：

| 实训中疑难点的记录（等待老师解决） | |
|---|---|
| 教师评语 | |

## 作业任务 38

# 离合器检查与调整

【项目目标】

1. 掌握离合器自由行程检查的操作方法。
2. 掌握离合器自由行程调整的操作方法。

【训练前准备】

1. 常规准备工作（卫生清扫、场地安全认定、人数清点等）。
2. 带离合器式车辆一辆（如北京现代伊兰特悦动手动档轿车）。
3. 钢直尺1把，离合器自由行程调整专用工具1套。

一、教师示范讲解

（一）离合器自由行程检查

1）用直尺在驾驶室地板上检测，保持直尺的倾斜度与踏板踩下时的弧线相切。
2）测出踏板完全放松时的高度，检查是否在标准值范围内，否则应予调整，如图38-1所示。
3）用手轻推离合器踏板，感觉到阻力增大时（分离轴承与分离杠杆刚刚接触时），停止下压离合器踏板，测出踏板与驾驶室地板之间的高度。
4）踏板完全放松时的高度值与该高度值之差，即为离合器踏板的自由行程，如图38-2所示。

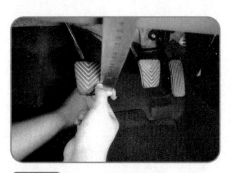

图38-1 离合器踏板自由状态下高度检查

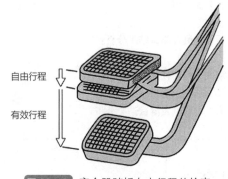

图38-2 离合器踏板自由行程的检查

✓ 知识点：离合器踏板自由行程

1）离合器踏板自由行程（20~30mm）反映分离轴承与分离杠杆之间的间隙（2~3mm）。
2）自由行程过大，会引起离合器分离不彻底，变速器挂档打齿；自由行程过小，会引起离合器打滑现象。
3）将离合器踏板踩到底、然后松开，踏板操作应轻便、无阻滞、回位良好。
4）离合器踏板无过高或过低现象。

### (二) 离合器踏板自由行程的调整

**1. 液压操纵式离合器踏板自由行程调整**

1) 通过调整主缸踏板的偏心实现，如图38-3所示。
2) 通过调整离合器工作泵推杆长度实现，如图38-4所示。

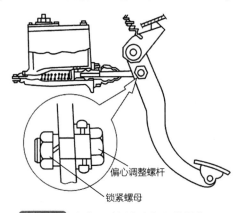

图38-3 离合器踏板自由行程的调整(1)

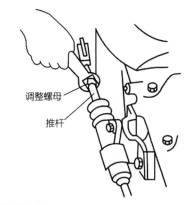

图38-4 离合器踏板自由行程的调整(2)

**2. 拉索式离合器踏板自由行程的调整**

1) 使用润滑油加注枪润滑离合器操纵拉索。
2) 旋松离合器拉索上的锁紧螺母，转动调整螺钉，改变离合器拉索长度，确保离合器踏板有适当的自由行程，将锁紧螺母锁好，如图38-5所示。

✓ **知识点**：离合器踏板自由行程的调整是通过改变分离轴承与分离杠杆之间的间隙实现的。

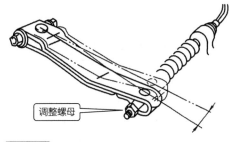

图38-5 拉索式离合器踏板自由行程的调整

## 二、学生训练

**（一）离合器踏板自由行程的检查**

训练时间：10min。
训练过程：离合器踏板自由行程检查操作。

**（二）离合器踏板自由行程的调整**

训练时间：15min。
训练过程：液压操纵式离合器踏板自由行程的调整、拉索式离合器踏板自由行程的调整。

## 三、随堂练

**【选择题】**

1) 离合器踏板自由行程反映分离轴承与分离杠杆之间的间隙，此间隙值为_____。
   A. 2~3mm        B. 4~5mm        C. 6~7mm

2) 离合器踏板自由行程过大，会引起_____。
   A. 离合器分离状况不良

B. 离合器打滑

C. 车辆起步时出现撞击现象

3）离合器踏板自由行程一般为_____。

A. 0~10mm B. 20~30mm C. 50~60mm

4）车辆运行急加速时出现离合器打滑现象，引起离合器打滑的主要原因是_____。

A. 离合器自由行程过大

B. 离合器自由行程过小

C. 离合器分离杠杆调整不当

### 四、训练结束后场地整理及授课总结（包含5S项目）

1）作业完毕后工具、设备的清洁归位。

2）车辆清洁归位及实训场地整理。

3）指导老师总结实训课题，布置课后实习报告。

### 五、实习报告

| 姓　名 | | 班　级 | | 实习日期 | |
|---|---|---|---|---|---|
| 训练项目题目 | | | | | |

**主要实训内容记录：**

1. 离合器踏板自由行程的检查：

2. 离合器踏板自由行程的调整：

| 实训中疑难点的记录（等待老师解决） | |
|---|---|
| 教师评语 | |

## 作业任务 39

# 变速器油液检查与更换

## 【项目目标】

1. 掌握手动变速器齿轮油检查与更换的操作方法。
2. 掌握自动变速器液更换的操作方法。

## 【训练前准备】

1. 常规准备工作（卫生清扫、场地安全认定、人数清点等）。
2. GL-5 型齿轮油 1 桶（4L/桶），T-Ⅳ型自动变速器油 3 桶（4L/桶），变速器齿轮油加注器 1 只，废油收集器 1 只。
3. 手动变速器型汽车一辆（如北京现代伊兰特悦动手动档轿车），自动变速器型汽车一辆（如一汽丰田卡罗拉 1.6AT 轿车）。

## 一、教师示范讲解

### （一）手动变速器齿轮油检查与更换

手动变速器使用的润滑油为齿轮油，随着使用时间的增长，会逐渐变质、润滑性能变差，因此，定期更换齿轮油非常必要。

**1. 手动变速器齿轮油的检查**

1）将车辆举升至最高位置。

2）清除加油口周围的污渍，拧下加油螺塞，要求齿轮油液面与加油口下边缘齐平或将手指插入加油口，能探到油面为准，如图 39-1 所示。

3）取出少许齿轮油，观察油液是否出现颜色变深、浑浊、金属屑等；闻一闻气味，要求齿轮油不得有烧焦的异味，如图 39-2 所示。

4）按规定力矩拧紧加油螺塞。

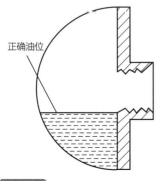

图 39-1 变速器齿轮油数量检查

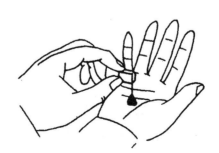

图 39-2 变速器油液质量检查

**2. 手动变速器齿轮油的更换**

1）将车辆举升至最高位置。

2）拧下加油螺塞，再拆下放油螺塞，用废油收集器收集齿轮油。

3）检查放油螺塞上是否吸附金属屑，清理后将螺栓按规定力矩拧紧。

4）用齿轮油加注器将齿轮油加注到与加油口齐平位置，如图39-3所示。

✓ **知识点：齿轮油**

1）齿轮油用于变速器、差速器、手动转向器等部件的润滑。

2）齿轮油按API质量等级分为GL-1、GL-2、GL-3（低等负荷用油）、GL-4（中等负荷用油）、GL-5（高等负荷用油）等，现在常用后三种。

3）齿轮油按SAE黏度分为75W、80W、85W、90和140等，分别适用于最低气温为-40℃、-20℃、-12℃、-10℃、10℃的地区。号数越大，黏度越高。在汽车中实际使用的齿轮油为多黏度级别齿轮油，即一年四季通用型，常用75W/90、80W/90、85W/90等几种型号。

4）齿轮油的更换周期为30000~40000km或两年，具体以厂家规定的更换周期为准。

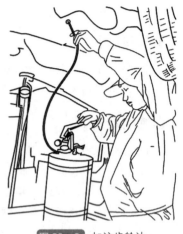

图39-3 加注齿轮油

**（二）自动变速器油更换**

1）车辆升至最高位置，将自动变速器放油螺塞拧下，放出油液后，再将放油螺塞拧紧。

2）车辆下降至低位后，将自动变速器油按标尺加注到规定位置，然后起动车辆并预热自动变速器油10min左右，期间不断变换变速杆位置，使油液得到充分循环。

3）放出自动变速器油，然后再加入新的油液，如此反复两三次，直到放出的油液与新加入油液颜色相同，通过多次的加注与更换，将储存在液力变矩器，变速器离合器、制动器的油液，通过多次循环后排放出来。

4）预热变速器油到正常温度（70~80℃）后，调整液面高度至正常标尺位置，如图39-4所示。

✓ **知识点：自动变速器油（ATF）**

1）自动变速器油用于自动变速器内的润滑及动力传递以及液压助力转向机构。

2）主要型号有D-Ⅱ、T-Ⅳ两种，为浅红的液体。

3）自动变速器油的检查周期为40000km或两年；更换周期为80000km或四年。具体更换时间以厂家规定的周期为准。

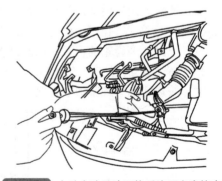

图39-4 自动变速器油更换后液面高度检查

**二、学生训练**

**（一）手动变速器齿轮油检查与更换**

训练时间：10min。

训练过程：手动变速器齿轮油的检查、手动变速器齿轮油的更换。

## (二) 自动变速器油更换

训练时间：15min。

训练过程：自动变速器油的更换操作工艺。

## 三、随堂练

**【选择题】**

1) 手动变速器齿轮油的更换周期为_____。
   A. 10000～20000km   B. 30000～40000km   C. 50000～60000km

2) 在齿轮油的使用过程中，下列说法正确的是_____。
   A. GL-4 可以代替 GL-5 使用
   B. GL-5 可以代替 GL-4 使用
   C. GL-4 和 GL-5 可以混合使用

3) 自动变速器油（ATF）为_____的液体。
   A. 浅红色   B. 浅蓝色   C. 浅褐色

4) 自动变速器油的更换周期为_____。
   A. 60000km   B. 100000km   C. 以厂家规定的周期为准

5) 下列说法哪一种是不正确的，自动变速器油液面高度的检查应在_____下检查。
   A. 发动机运转、冷态   B. 发动机运转、热态   C. 发动机停止运转状态

## 四、训练结束后场地整理及授课总结（包含5S项目）

1) 作业完毕后变速器齿轮油加注器清洁归位，废油分类处理。
2) 实训车辆清洁归位，作业场地整理。
3) 指导老师总结实训课题，布置课后实习报告。

## 五、实习报告

| 姓　名 | | 班　级 | | 实习日期 | |
|---|---|---|---|---|---|
| 训练项目题目 | | | | | |

**主要实训内容记录：**

1. 手动变速器齿轮油的检查与更换：

2. 自动变速器油的更换：

| 实训中疑难点的记录（等待老师解决） | |
|---|---|
| 教师评语 | |

# 作业任务 40

## 液压助力转向系统检测

## 【项目目标】

1. 掌握液压助力转向系统检查的操作方法。
2. 掌握液压助力转向系统油液更换的操作方法。

## 【训练前准备】

1. 常规准备工作（卫生清扫、场地安全认定、人数清点等）。
2. 带液压助力转向式汽车 1 部（如北京现代伊兰特悦动轿车）。
3. 转向助力液 1 桶，转向液更换专用工具 1 套。

### 一、教师示范讲解

#### （一）液压助力转向系统检查

液压助力转向系统使用的油液，随着时间的增长会逐渐变质，定期更换液压助力转向液非常必要，助力液也可以用自动变速器油（ATF）来代替。

**1. 液压助力转向系统的常规检查**

1）检查各油管接头、油管是否有渗漏，管路安装是否牢固。

2）起动发动机怠速运转，保持车辆原地不动，连续转动转向盘至左、右极限位置数次，以便使油液升高到正常工作温度（60~80℃）。将发动机熄火，检查液面高度，要求储液罐液面在上下标线之间，如图 40-1 所示。

3）打开储液罐盖，将油液蘸出并涂在手上，检查油液有无乳化、起泡、颜色变深等，否则应提前更换助力液。

4）用手在助力泵传动带中间位置按压（约 40N），传动带挠度以 10mm 为宜，且传动带无裂纹、脱胶、老化等状况。

**2. 液压助力转向系统放气操作**

1）起动发动机，运行至助力液到正常工作温度。

2）向左、右转动转向盘至极限位置，保持 5s 左右，反复操作两三次，就能将助力系统渗入的气体放出。

图 40-1 转向助力液液面检查

✓ **知识点：液压助力转向系统**

1）液压助力转向系统为长流式液体助力结构。

2）转向盘在极限位置时，管路处于截流状态，液压系统压力范围在 6.5~8.0MPa，因此，应避免处于转向盘极限状态时间过长。

3）当出现转向助力忽大忽小时，一般为转向油缸中存留气体，应进行放气操作。

### （二）转向助力液的更换

1）将车辆停放在平直的路面上，起动发动机运行，使储液罐内的油液达到正常工作温度。

2）发动机熄火后，打开储液罐盖，用专用工具将油液全部抽出，然后加入新的油液至正常液面位置。

3）起动发动机运行，向左、右转动转向盘至极限位置，如此反复两三次，使助力系统油液充分循环。

4）将发动机熄火，用专用工具抽出油液，再加入新的油液，如此反复操作两三次，直到储液罐内的油液与新油液颜色接近。最后调整液面高度至正常值，转向助力液更换操作完毕。

✓ 知识点：转向助力液更换

1）转向助力液可用自动变速器油（ATF）替代。
2）转向助力液的更换周期一般为60000～80000km，以厂家规定的更换周期为准。

## 二、学生训练

### （一）液压助力转向系统检查

训练时间：10min。

训练过程：液压助力转向系统常规检查、助力转向系统放气操作。

### （二）转向助力液的更换

训练时间：10min。

训练过程：转向助力液更换操作工艺。

## 三、随堂练

【选择题】

1）转向助力液的更换周期为_____。
  A. 60000km    B. 100000km    C. 以厂家规定的周期为准

2）液压助力转向系统转向盘位于极限位置时，液压管路处于截流状态，助力系统压力范围在_____，因此，应避免转向盘处于极限位置状态时间过长。
  A. 2.5～4.0MPa    B. 6.5～8.0MPa    C. 10.5～12.0MPa

3）转向助力液的正常工作温度为_____。
  A. 40～60℃    B. 60～80℃    C. 80～100℃

## 四、训练结束后场地整理及授课总结（包含5S项目）

1）工具、专用设备、车辆的清洁及归位。
2）更换油液的分类存储，废料的分类存放。

3）指导老师总结实训课题，布置课后实习报告。

## 五、实习报告

| 姓　名 | | 班　级 | | 实习日期 | |
|---|---|---|---|---|---|
| 训练项目题目 | | | | | |

**主要实训内容记录：**

1. 液压助力转向系统的检查：

2. 转向助力液的更换：

| 实训中疑难点的记录（等待老师解决） | |
|---|---|
| 教师评语 | |

## 作业任务 41

# 制动液更换

## 【项目目标】

1. 掌握单人制动液更换的操作方法。
2. 掌握双人制动液更换的操作方法。

## 【训练前准备】

1. 常规准备工作（卫生清扫、场地安全认定、人数清点等）。
2. 真空式制动液更换器。
3. 汽车专用制动液（DOT4）1桶（1L/桶）。

### 一、教师示范讲解

#### （一）单人制动液更换操作

1）检查制动液更换器使用性能。接上恒压气源（0.8MPa），检查设备工作情况是否正常，当打开进气开关后，应能够产生吸力，如图41-1所示。

2）打开制动主缸加液盖，将制动主缸储液罐内的制动液全部抽出，如图41-2所示。

图41-1 制动液更换器使用前性能检查

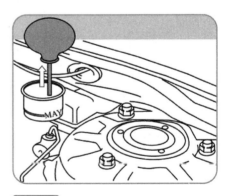

图41-2 制动主缸储液罐内制动液的抽出

3）确认制动液型号符合车辆性能要求，将新制动液加入储液罐，贴近上线为准，如图41-3所示。

4）车辆处于适当顶起位置，在车下制动轮缸处，按照右后轮—左后轮—右前轮—左前轮的顺序，从各轮缸排气塞处排放制动液。

5）取下轮缸排气塞防尘帽，清洁排气塞周围灰尘，将制动液更换器软管接在排气塞上，如图41-4所示。

图41-3 在油壶中加入新制动液

图41-4 制动液更换器排放软管的连接

6）将制动液更换器连接恒压气源，打开制动液更换器开关，使更换器内部产生真空，用油管扳手拧松排气塞1/4圈，吸出轮缸内的旧制动液，当观察到吸出的制动液为新加入液体时，拧紧轮缸制动液排气塞，如图41-5所示。

7）更换完制动液后，清洁排放塞处，将防尘帽安装好，然后按顺序更换完所有车轮上的制动液。

8）调整制动储液罐液面，确认液面在上下线中间偏上位置，如图41-6所示。

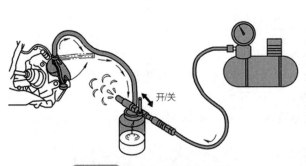

图41-5 制动液更换的单人操作

图41-6 制动储液罐液面作业后液位检查

✓ 注意：

1）更换制动液过程中，应及时添加储液罐内的制动液，以免储液罐液面过低。

2）所有制动液更换完毕后，将储液罐内制动液液面调整到最高刻度线位置，拧上储液罐盖，用布清理溅出的制动液。

3）再次检查制动轮缸排放塞是否拧紧，清理排放塞周围溅出的制动液，安装防尘帽。

4）检查制动踏板能否完全被踩下，以确保有足够的制动余量。

✓ 知识点：制动液更换周期为40000km或2年。

（二）双人制动液更换操作

1）一人位于驾驶室内踩压制动踏板，另一人位于车下轮缸处排放旧制动液，如图41-7所示。

2）车下制动液更换的顺序为右后轮—左后轮—右前轮—左前轮。

3）车下人员将软管接到轮缸排放塞上，发信号给车上人员，连续踏压制动踏板数次，并保持踏紧状况，车下人员拧松排放塞1/4圈，放出旧的制动液，然后再拧紧排放塞，如图41-8所示。

图 41-7 双人制动液更换操作

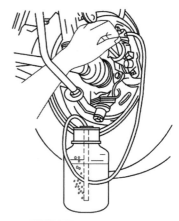
图 41-8 车下制动液收集

4）重复上述动作 4~6 次，直到旧的制动液完全被排出。

5）其他操作与单人制动液更换相同。

**注意**：该项目操作为两人配合完成，两人之间必须动作协调一致。

## 二、学生训练

**（一）单人制动液更换**

训练时间：10min。

训练过程：更换制动液专用工具的连接、制动液更换操作。

**（二）双人制动液更换**

训练时间：10min。

训练过程：两人之间的配合、制动液更换操作。

## 三、随堂练

【选择题】

1）制动液定期更换的主要原因是_____。

    A. 制动液具有吸湿性    B. 制动液分解产生气体    C. 制动液冰点降低

2）汽车制动液更换周期为_____。

    A. 20000km 或 1 年    B. 40000km 或 2 年    C. 80000km 或 4 年

3）当制动液不小心黏附在车身上时，应采取的措施为_____。

    A. 不用清理，挥发后自然就干净了

    B. 用布蘸上汽油及时清理

    C. 用水漂洗，再用干净布清理

4）更换完制动液后，调整储液罐制动液液面高度，液面的最佳位置处于_____。

    A. 与液面下标线齐平    B. 上下标线中间    C. 与液面上标线齐平

### 四、训练结束后场地整理及授课总结（包含5S项目）

1）真空式制动液更换器的清洁及归位。
2）被抽出制动液的分类存放。
3）指导老师总结实训课题，布置课后实习报告。

### 五、实习报告

| 姓　名 | | 班　级 | | 实习日期 | |
|---|---|---|---|---|---|
| 训练项目题目 | | | | | |

**主要实训内容记录：**

1. 车辆由"工位五"提升到"工位六"的安全操作：

2. 单人制动液更换操作：

3. 双人制动液更换操作：

| 实训中疑难点的记录（等待老师解决） | |
|---|---|
| 教师评语 | |

## 作业任务 42

# 盘式制动器检查

## 【项目目标】

1. 掌握盘式制动器制动片使用状况检查的操作方法。
2. 掌握盘式制动器制动盘使用状况检查的操作方法。

## 【训练前准备】

1. 常规准备工作（卫生清扫、场地安全认定、人数清点等）。
2. 0~25mm 千分尺一套，钢直尺一把（包含清洁、校正和使用）。
3. 精度为 0.01mm 的百分表一只，磁力表座一套（包含清洁、校正和使用）。

### 一、教师示范讲解

#### （一）盘式制动器制动片使用状况检查

盘式制动器结构简单、散热性能好、制动性能稳定。因此，中小型汽车一般前轮使用该类型的制动器。

**1. 制动器制动片不拆下时的检查**

1) 用直尺测量外制动器摩擦片厚度。
2) 通过制动卡钳上的观察孔目测内侧制动器摩擦片厚度，要求内、外摩擦片厚度没有明显的偏差，如图 42-1 所示。

✓ 知识点：一般情况下，内、外摩擦片厚度偏差不大于 10%~15%，摩擦片厚度极限为不小于新片厚度的 1/3。

**2. 制动器制动片拆下时的检查**

1) 拆下制动卡钳下面的导向螺栓，然后将制动卡钳上翻，并用专用工具将制动卡钳挂住，如图 42-2 所示。

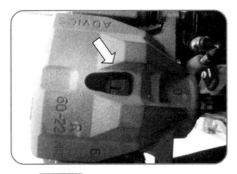

图 42-1 制动器摩擦片厚度检查

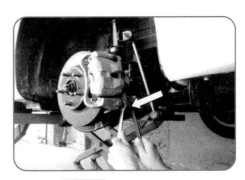

图 42-2 制动卡钳的拆下

2）取下制动盘两侧的制动片，并清洁制动盘和制动片上面的灰尘。
3）观察制动片摩擦材料表面是否有异常磨损，如图42-3所示。
4）用直尺测量摩擦片厚度，检查是否在允许范围值内，如图42-4所示。

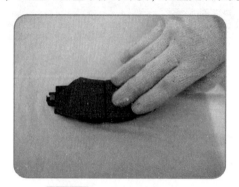

图42-3 摩擦片磨损状况检查

图42-4 摩擦片厚度测量

✓ **知识点：更换新制动片**

1）当摩擦片厚度接近更换标准、需更换时，更换的原则为左右两轮同时更换相同材质的新片。（丰田卡罗拉1.6AT新前片摩擦材料厚度为11mm，新后片摩擦材料厚度为9mm）

2）在新更换的摩擦片背板上涂抹制动器专用高温润滑脂，然后安装新的消音垫片和摩擦片指示板。

3）用专用工具或手锤柄将制动轮缸活塞推到摩擦片厚度最大的极限位置，如图42-5所示。

图42-5 安装新制动片时制动轮缸活塞的回位

4）将制动盘表面、摩擦片表面清理干净，确保表面无润滑脂和制动液等。

5）安装制动卡钳，按规定力矩拧紧导向螺栓。

✓ **注意**：更换制动片时，只能完成一个轮的制动片操作后，再更换另一个轮的制动片，不能同时拆开两个以上的制动器。为什么？_____。

**（二）盘式制动器制动盘使用状况检查**

1）用专用工具固定制动盘，将轮胎螺母拧紧到规定的力矩，如图42-6所示。

✓ **注释**：4个轮胎螺母结构式制动盘需对称固定2个轮胎螺母；5个轮胎螺母结构式制动盘需对称固定3个轮胎螺母。

2）用千分尺测量制动盘厚度，测量点选在距轮盘外边缘10mm、间隔120°处的三个位置，将最小值记录为轮盘厚度，如图42-7所示。

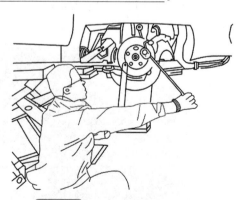

图42-6 制动盘与轮毂之间的固定

3) 使用百分表及磁力表座，在距制动盘外边缘 10mm 处固定百分表，保持百分表测量杆与制动盘垂直，转动制动盘一周，技术标准为制动盘摆动量不大于 0.05mm，如图 42-8 所示。

图 42-7 制动盘厚度测量

图 42-8 制动盘摆动量测量

4) 检查制动轮缸处是否存在泄漏，如图 42-9 所示。

5) 安装制动片时，注意区分内、外侧制动片，然后将制动片装入，放下制动卡钳，按规定力矩紧固导向螺栓。

6) 用气动扳手拆下轮胎螺栓，按标记将轮胎与轮毂对齐，安装轮胎，如图 42-10 所示，并按照规定的力矩按照规范的顺序拧紧轮胎螺母。

图 42-9 制动轮缸泄漏状况检查

图 42-10 轮胎的安装

二、学生训练

（一）盘式制动器制动片使用状况检查

训练时间：15min。

训练过程：制动片不拆时的检查操作、制动片拆下时的检查操作。

（二）盘式制动器制动盘使用状况检查

训练时间：10min。

训练过程：制动盘厚度检测、制动盘摆动量检测、制动轮缸泄漏检测、摩擦片及制动卡钳安装等。

三、随堂练

【判断题】

1) 制动片磨损到报警装置工作时，还能行驶 1000km，再更换新制动片。　　　　（　　）

2）对车辆两侧同轴间制动器而言，更换摩擦片时，若一侧摩擦片磨损较轻，可单独更换另一侧，没有必要同时更换。（  ）
3）一般情况下，新制动片没有内外侧区分标志，可随便安装。（  ）
4）更换新制动片时，一定要将制动轮缸回位，否则制动片将无法安装。（  ）
5）可用气动扳手紧固轮胎螺母。（  ）

【选择题】
1）制动片使用极限一般为不小于新片厚度的_____。
    A. 1/4          B. 1/3          C. 1/2
2）测量制动盘厚度时，测量点需要选择_____。
    A. 1 处         B. 2 处         C. 3 处
3）制动盘的摆动量极限为不大于_____。
    A. 0.05mm       B. 0.10mm       C. 0.15mm
4）对于浮动钳盘式制动器，制动片回位装置为_____。
    A. 回位弹簧
    B. 制动轮缸内矩形密封圈
    C. 制动结束时制动盘对轮缸活塞的弹力
5）用千分尺测量制动盘厚度时，测量点选在距轮盘外边缘_____。
    A. 20mm 处      B. 15mm 处      C. 10mm 处

### 四、训练结束后场地整理及授课总结（包含5S项目）

1）千分尺、钢直尺的归位及清洁。
2）百分表、磁力表座的归位及清洁。
3）指导老师总结实训课题，布置课后实习报告。

### 五、实习报告

| 姓　名 |  | 班　级 |  | 实习日期 |  |
|---|---|---|---|---|---|
| 训练项目题目 |  |  |  |  |  |

主要实训内容记录：

1. 盘式制动器制动片使用状况检查：

2. 盘式制动器制动盘使用状况检查：

| 实训中疑难点的记录（等待老师解决） |  |
|---|---|
| 教师评语 |  |

## 作业任务 43

# 鼓式制动器检查

## 【项目目标】

1. 掌握鼓式制动器制动蹄片使用状况检查的操作方法。
2. 掌握鼓式制动器制动鼓使用状况检查的操作方法。
3. 掌握鼓式制动器制动间隙调整的操作方法。

## 【训练前准备】

1. 常规准备工作（卫生清扫、场地安全认定、人数清点等）。
2. 轮毂测量专用游标卡尺一把（包含清洁、校正和使用）。
3. 高温润滑脂一桶。

### 一、教师示范讲解

#### （一）鼓式制动器制动蹄片使用状况检查

1) 用粉笔在轮胎和轮毂上划出记号，确保轮胎装配时保持原平衡位置，然后用气动专用工具按交叉顺序拆下轮胎。

2) 在制动鼓与轮毂法兰之间做上标记，取下制动鼓。若制动鼓与轮毂法兰之间配合较紧，较难取下时，可在制动鼓螺栓孔上拧入两个螺栓，均匀地拧紧将制动鼓顶出，如图43-1所示。

3) 用手沿轮缸运动方向拉动两侧制动蹄片，松手后，观察制动蹄片在回位弹簧的作用下是否能够自动回位，如图43-2所示。

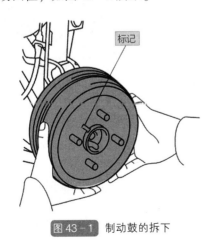

图 43-1 制动鼓的拆下

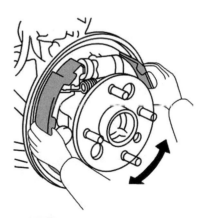

图 43-2 检查制动蹄片自动回位状况

4) 检查制动轮缸是否存在泄漏，如图43-3所示。

5) 按顺序拆下制动蹄片，清洁制动蹄片、背板、制动鼓上的灰尘。

6）检查制动蹄片是否存在异常磨损，标准为制动蹄片表面沟槽深度不大于1mm，无制动液或齿轮油等，如图43-4所示。

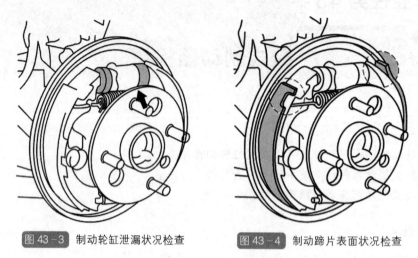

图43-3 制动轮缸泄漏状况检查　　图43-4 制动蹄片表面状况检查

7）用直尺测量制动蹄片摩擦材料厚度，标准为不小于新制动蹄片摩擦材料厚度的1/3。

✓ **知识点：更换制动蹄片**

1）当制动蹄片摩擦材料厚度接近更换标准、需更换时，更换的原则为左右两轮同时更换相同材质的新片。

2）拆下旧制动蹄片，将制动蹄片和制动鼓间隙调整装置置于最短状态（若间隙调整是通过轮缸自动调节的，应将轮缸回位）。

3）在制动背板靠近蹄片处涂上专用高温润滑脂，如图43-5所示。

4）连接好驻车制动拉索，将制动蹄片安装在制动背板上。

5）将制动蹄片表面、制动鼓表面用砂布清理干净。

6）将制动鼓与轮毂法兰标记对正，安装制动鼓，用专用工具将轮胎螺栓紧固到标准力矩，然后调整制动蹄片与制动鼓之间的间隙。

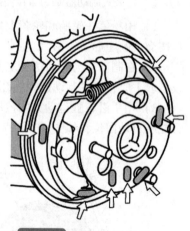

图43-5 制动背板处的润滑

✓ **注意**：更换制动蹄片时，只能完成一个轮的制动器蹄片操作后，再更换另一个轮的制动蹄片，不能同时拆开两个以上的制动器。为什么？_____。

**（二）鼓式制动器制动鼓使用状况检查**

1）清洁拆下来的制动鼓内表面，检查制动鼓表面磨损状况，沟槽深度应不大于1mm，如图43-6所示。

2）用专用游标卡尺测量制动鼓内径，检查制动鼓内表面的磨损量是否在允许值范围内，如图43-7所示。

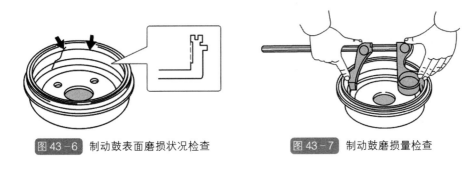

图 43-6 制动鼓表面磨损状况检查　　图 43-7 制动鼓磨损量检查

**(三) 鼓式制动器制动间隙调整**

1) 将制动鼓安装到后轮毂法兰上（对正制动鼓与后轮法兰之间的标记），轮胎螺母按标准力矩拧紧。

2) 制动间隙的调整操作

鼓式制动器制动间隙调整的方式有两种，一是手动调节式，二是自动调节式。

①制动间隙手动调整式。用专用工具或一字螺钉旋具拨动调整棘轮，向制动间隙变小方向调整，当制动蹄片和制动鼓充分接触后，再退回棘轮 3~5 响，并确保制动鼓能自由转动，如图 43-8 所示。

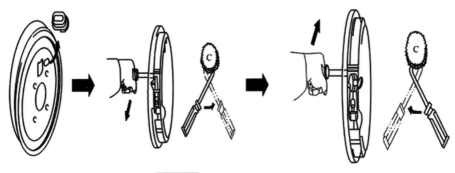

图 43-8 制动间隙的手动调整

②制动间隙自动调整式。松开驻车制动器，用力踏压制动踏板，当后制动器中没有"咔嗒"声响时，制动间隙自动调整完毕。

✓ **注意**：制动间隙调整完毕后，一定要检查制动器迟滞性，即踩下制动踏板再松开时，制动蹄片能立刻回位，制动鼓与制动蹄片脱离接触。若存在制动器迟滞，应将制动鼓与制动蹄片间隙调大一些。

## 二、学生训练

**(一) 鼓式制动器制动蹄片使用状况检查**

训练时间：10min。

训练过程：制动鼓的拆下、制动蹄片使用状况检查等。

**(二) 鼓式制动器制动鼓使用状况检查**

训练时间：10min。

训练过程：制动鼓磨损状况检查、制动鼓表面状况检查等。

### （三）鼓式制动器制动间隙调整

训练时间：10min。

训练过程：制动间隙手动调整式、制动间隙自动调整式。

## 三、随堂练

**【判断题】**

1）制动蹄片表面不平整度标准为沟槽深度不大于1mm。（　　）
2）制动蹄片磨损到摩擦材料厚度为新片摩擦材料厚的1/2时，就要更换制动蹄片。（　　）
3）制动鼓表面沟槽深度大于1mm时，应该镗削加工制动鼓，恢复表面正常的平整度。（　　）
4）更换新制动蹄片时，一定要将制动间隙调整装置回位，否则无法安上制动鼓。（　　）
5）不能用气动扳手紧固轮胎螺母。（　　）

## 四、训练结束后场地整理及授课总结（包含5S项目）

1）轮毂测量专用游标卡尺的归位及清洁。
2）制动背板专用润滑脂的封存、清洁、归位。
3）指导老师总结实训课题，布置课后实习报告。

## 五、实习报告

| 姓　名 | | 班　级 | | 实习日期 | |
|---|---|---|---|---|---|
| 训练项目题目 | | | | | |

**主要实训内容记录：**

1. 鼓式制动器制动蹄片使用状况检查：

2. 鼓式制动器制动鼓使用状况检查：

3. 鼓式制动器制动间隙调整：

| 实训中疑难点的记录（等待老师解决） | |
|---|---|
| 教师评语 | |

## 作业任务 44

# 制动器迟滞检查

【项目目标】

1. 掌握行车制动器迟滞状况检查的操作方法。
2. 掌握驻车制动器迟滞状况检查的操作方法。

【训练前准备】

1. 常规准备工作（卫生清扫、场地安全认定、人数清点等）。
2. 液压制动式轿车一辆。

## 一、教师示范讲解

### （一）行车制动器迟滞状况检查

**1. 检查制动器迟滞状况准备工作**

1）起动车辆预热，确保仪表板上仪表工作正常，将车辆举升到车轮离开地面高度约 0.5m 位置，如图 44-1 所示。

图 44-1 制动器迟滞检查的举升位置

2）用力踏下制动踏板数次，以便使制动间隙自动调整装置起作用。

**2. 行车制动器迟滞状况检查**

该项目操作由两人配合完成，一人在室内踩压制动踏板，另一人在车外轮胎处检查。

1）完全释放驻车制动器。

2）用力踩下制动踏板，松开制动踏板的瞬间检查所有车轮制动器是否存在制动迟滞，如图 44-2 所示。

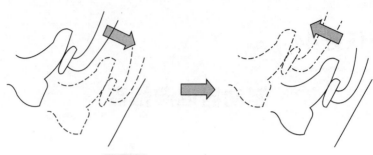

图44-2 行车制动器迟滞状况检查

3) 按左前轮、右前轮、右后轮和左后轮的顺序将车辆上所有车轮检查一遍，确保所有车轮均不存在迟滞现象。

（二）驻车制动器迟滞状况检查

**1. 检查制动器迟滞状况准备工作**

1) 起动车辆预热，确保仪表板上仪表工作正常，将车辆举升到车轮离开地面高度约0.5m位置。

2) 用力拉紧驻车制动手柄几次，以便使驻车制动自动调整装置起作用。

**2. 驻车制动器迟滞状况检查**

该项目操作由两人配合完成，一人在室内拉动驻车制动器，另一人在车后部检查轮胎。

1) 拉紧驻车制动器，松开驻车制动手柄的瞬间检查左后轮制动器是否存在制动迟滞，如图44-3所示。

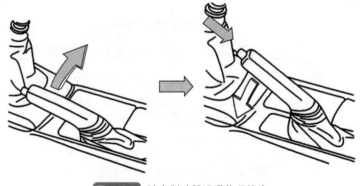

图44-3 驻车制动器迟滞状况检查

2) 拉紧驻车制动器，松开驻车制动手柄的瞬间检查右后轮制动器是否存在制动迟滞。

✓ **知识点：制动器迟滞及原因**

1) 制动器迟滞是指在松开制动踏板（驻车制动手柄）的瞬间，制动盘与制动片（制动鼓与制动蹄片）之间没有迅速脱离接触，两者仍然处于摩擦状态，车辆行驶时导致制动器过热，能耗增加，影响制动安全性能。

2) 制动器迟滞的原因：制动盘与制动片（制动鼓与制动蹄片）间隙过小；制动片（制动蹄片）回位不良；制动轮缸锈蚀等。

## 二、学生训练

### （一）行车制动器迟滞状况检查

训练时间：10min。

训练过程：车辆举升到适当位置、两人操作检查四轮制动器迟滞情况。

### （二）驻车制动器迟滞状况检查

训练时间：10min。

训练过程：车辆举升到适当位置、两人操作检查后两轮制动器迟滞情况。

## 三、随堂练

**【判断题】**

1）制动器轮缸回位不良会引起制动器迟滞现象。　　　　　　　　　　　　（　）
2）制动器迟滞表现为车辆行驶时制动器过热，油耗增加等。　　　　　　　（　）
3）制动器迟滞对轮毂轴承没有影响。　　　　　　　　　　　　　　　　　（　）
4）若制动器间隙调整过小，会引起车辆制动时发生制动迟滞现象。　　　　（　）
5）制动器迟滞检查必须由两人配合完成操作。　　　　　　　　　　　　　（　）

## 四、训练结束后场地整理及授课总结（包含5S项目）

1）检修作业用工具的清洁及归位。
2）车辆清洁归位及场地清扫整理。
3）指导老师总结实训课题，布置课后实习报告。

## 五、实习报告

| 姓　名 | | 班　级 | | 实习日期 | |
|---|---|---|---|---|---|
| 训练项目题目 | | | | | |

主要实训内容记录：

1. 行车制动器迟滞状况检查

2. 驻车制动器迟滞状况检查：

| 实训中疑难点的记录（等待老师解决） | |
|---|---|
| 教师评语 | |

## 作业任务 45

# 车轮轮胎换位及平衡

**【项目目标】**

1. 掌握车轮轮胎换位的操作方法。
2. 掌握车轮轮胎平衡的操作方法。

**【训练前准备】**

1. 常规准备工作（卫生清扫、场地安全认定、人数清点等）。
2. 轮胎拆卸气动工具 1 套，轮胎气压检验仪表 1 只。
3. 离车式轮胎平衡机 1 台。

### 一、教师示范讲解

**（一）车辆轮胎换位**

车辆在行驶过程中，由于道路情况和车辆使用状况等因素的影响，使得轮胎磨损出现不均匀性，为此需进行必要的换位调整，使得轮胎磨损程度基本一致。

1) 对于前轮驱动式车辆，应按照图 45-1 所示的方法换位。

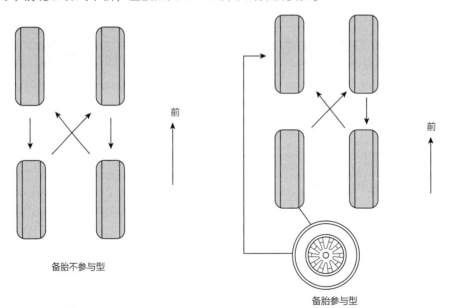

图 45-1 车轮轮胎换位（一）

2) 对于后轮驱动式车辆，应按照图 45-2 所示的方法换位。

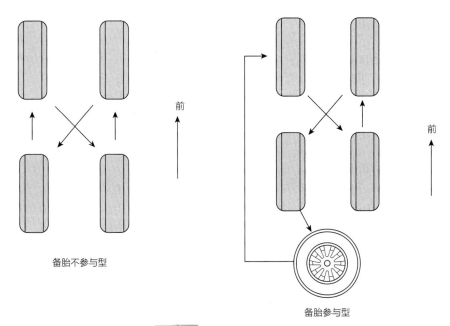

图 45-2 车轮轮胎换位（二）

### ✓ 知识点：车轮轮胎换位

1) 由于施加在前、后轮胎的负荷不同，会引起前、后轮胎磨损程度的不同。
2) 由于道路状况和车辆定位等因素的影响，使得同轴间两侧车轮轮胎磨损状况不一致。
3) 当前轮和后轮的尺寸不一致时，可将同轴间左右轮胎对调。
4) 轮胎的更换至少成对进行，新轮胎放在前轮。
5) 轮胎换位周期一般为 10000km，以厂家规定的换位周期为准。

### （二）车轮轮胎动平衡调整

1) 将需要平衡的轮胎从车上拆下。
2) 车轮轮胎平衡的准备工作：清除轮胎表面的泥土和嵌入轮胎沟槽的异物，拆除原来安装的平衡块，将轮胎充至标准气压。
3) 打开轮胎平衡机电源，预热主机并检查轮胎平衡机上的显示屏幕工作是否正常。
4) 将车轮固定在轮胎平衡机主轴上（车轮轮胎的离车平衡），如图 45-3 所示。
5) 按图 45-4、图 45-5 所示的方法，测量轮辋至平衡机的距离和轮辋宽度，并按要求输入轮胎平衡机。

图 45-3 轮胎在平衡机上的安装

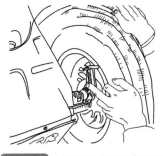

图 45-4 轮辋至平衡机距离测量

6）放下车轮轮胎护罩，按下运行键，进行动平衡测量。

7）当车轮慢慢停转后，从屏幕上读出车轮内、外侧的动不平衡量，并慢慢转动车轮，找出车轮内、外侧不平衡处的位置。

8）在相应位置处，按屏幕显示的不平衡数值施加平衡块。

9）重新做动平衡实验，直到车轮两边动不平衡量小于5g，轮胎平衡机上显示动平衡合格为止。

10）关闭电源，打开防护罩，取下车轮，车轮轮胎动平衡操作完毕。

✓ **知识点：车轮轮胎动平衡**

1）轮胎动平衡确保了车轮旋转中心和质量中心的重合，避免了车轮在转动过程中，由于两中心不重合引起的摆动和异响。

2）只要进行轮胎拆装操作，作业完毕后必须进行轮胎的动平衡检测。

3）车轮轮胎动平衡操作有"离车平衡"和"在车平衡"两种，图45-6所示为车辆的"在车动平衡"。

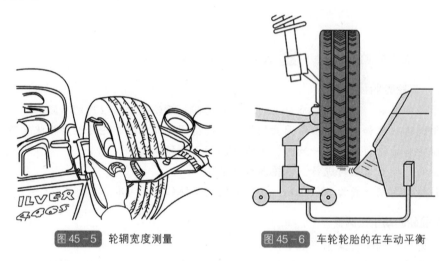

图45-5 轮辋宽度测量　　图45-6 车轮轮胎的在车动平衡

## 二、学生训练

**（一）车轮轮胎换位**

训练时间：10min。

训练过程：前驱式车轮换位、后驱式车轮换位。

**（二）车轮轮胎平衡**

训练时间：10min。

训练过程：车轮轮胎平衡的操作工艺。

## 三、随堂练

【选择题】

1）车轮轮胎换位的操作周期为_____。

　　A. 10000km　　　　　　B. 20000km　　　　　　C. 30000km

2) 车轮轮胎的更换至少成对进行，新轮胎应放在_____。
   A. 后轮                B. 前轮
   C. 一个位于左前轮、一个位于右后轮

3) 车轮轮胎换位操作，当前轮和后轮尺寸不一致时，_____。
   A. 车辆右侧前后轮对调
   B. 车辆左侧前后轮对调
   C. 同轴间左、右车轮对调

4) 车轮轮胎动平衡操作时，直到车轮轮胎两边动不平衡量小于_____，轮胎平衡机上显示动平衡量为合格。
   A. 5g                  B. 10g                 C. 15g

5) 车轮动平衡与静平衡的关系为_____。
   A. 当静平衡时一定为动平衡
   B. 当动平衡时一定静平衡
   C. 动平衡与静平衡为同一概念

## 四、训练结束后场地整理及授课总结（包含5S项目）

1) 轮胎拆卸气动工具、轮胎气压表、轮胎平衡机的清洁、归位。
2) 车辆清洁归位及场地清扫整理。
3) 指导老师总结实训课题，布置课后实习报告。

## 五、实习报告

| 姓　名 | | 班　级 | | 实习日期 | |
|---|---|---|---|---|---|
| 训练项目题目 | | | | | |

**主要实训内容记录：**

1. 车轮轮胎换位操作：

2. 车轮轮胎平衡操作：

| | |
|---|---|
| 实训中疑难点的记录（等待老师解决） | |
| 教师评语 | |

# 附 录

## 附录 A 汽车定期维护与保养操作规范说明

通过各种常见车型的定期维护与保养周期表，我们发现不同车辆制造厂商生产的汽车保养周期和项目都不相同，而在校学生的汽车维护与保养实际操作训练只能按照一种车型和该车型厂商的操作规范来进行，怎样训练才能适应现代汽车多样化，学生从业后能够适应不同车型特约维修站的要求呢？下面从维护与保养周期表中找出车辆定期保养操作存在的共性，指导"车辆维护与保养"课程实训，以达到事半功倍的目的。

1）实际训练突出对学生"汽车维护与保养基本功"和"技能操作规范化"的培养，从点滴做起，培养学生形成良好的职业道德和扎实的操作规范。

2）确定车辆的"维护与保养"周期。定期维护与保养由"走合保养"和"定期维护与保养"两部分组成。走合保养时间由车辆生产厂商确定，由厂商指定的特约维修站进行，用户享受免费服务，保养时间一般为 1500~3000km，最长保养时间为车辆行驶 5000km 后。走合保养结束后，车辆进入了定期保养阶段，从此，免费服务结束（也有少部分生产厂商再实行几次免费服务），车辆的定期保养周期以机油更换为准（同时更换机油滤芯），间隔周期一般为 5000km、7500km、10000km 三种类型。

3）在按照车辆定期保养周期保养时，一定要注意重要操作项目：机油检查与更换、变速器油液检查与更换、传动带检查与调整、空气滤清器清洁与更换、燃油系统清洁与更换、转向系统检查、制动系统检查、火花塞检查与更换、正时带或链条的更换、喷油器定期清洗、节气门体的清洗等。

4）同一生产厂商生产的不同类型的车辆，保养周期相同，保养项目也几乎相同，更换用车辆运行类材料通用性强，操作规范相同，这样，利于确定保养周期和操作项目。

5）同以往生产车型不同的是，现代车辆全车几乎没有润滑脂加注口，无须进行润滑脂的加注保养项目。

6）轮毂轴承为免维护型，操作时只进行轮毂轴承轴向间隙检查，不进行轴承状况和润滑保养项目，若轮毂轴承间隙过大，就要进行轮毂轴承的总成更换。

7）掌握好各种车型的保养周期和保养项目后，按照工位进行作业流程操作项目的编排，在减少操作重复性、确保作业安全的前提下，以最短的时间和最全的保养项目，完成车辆的维护与保养操作。

# 附录 B  2018 年全国职业院校中职大赛机电维修项目

## 2018 年全国中等职业学校汽车运用与维修技能大赛
## 定期维护作业表

选手比赛号：　　　　　　　工位号：　　　　　　　裁判员签字：

| 序号 | 作业类型 + 作业对象 + 作业内容 | 说明 |
|---|---|---|
| | **举升位置 1（举升机在最低位置）** | |
| 01 | 作业准备 – 安全防护<br>– 安装车轮挡块 | |
| 02 | 作业准备 – 空调系统<br>– 预热制冷剂纯度鉴别仪 | |
| 03 | 检查作业 – 车身<br>– 记录车辆识别码 | |
| 04 | 作业准备 – 安全防护<br>– 安装座椅套、转向盘套和地板垫 | |
| 05 | 作业准备 – 安全防护<br>– 安装翼子板布和前格栅布 | |
| 06 | 检查作业 – 润滑系统<br>– 检查机油液位 | |
| 07 | 检查作业 – 制动系统<br>– 检查制动液液位 | |
| 08 | 检查作业 – 冷却系统<br>– 检查发动机冷却液液位 | |
| 09 | 检查作业 – 发动机<br>– 检查发动机传动带的安装、损伤等 | |
| 10 | 检查作业 – 冷却系统<br>– 检查发动机冷却系统软管的安装、连接情况及有无裂纹、损伤和泄漏 | |
| 11 | 检测作业 – 电源系统<br>– 测量并记录电源系统电压（静态） | |
| 12 | 检测作业 – 空调系统<br>– 鉴别并记录空调制冷剂纯度 | |
| 13 | 检查作业 – 车身<br>– 检查驾驶人座椅安全带 | |

(续)

| 序号 | 作业类型 + 作业对象 + 作业内容 | 说明 |
|---|---|---|
| 14 | 检查作业 – 车身<br>– 检查驾驶人座椅安全带开关 | |
| 15 | 检查作业 – 仪表板<br>– 先打开点火开关，再起动发动机，分别检查 MIL、AIRBAG、ABS 故障指示灯和充电、机油压力警告灯的工作情况 | |
| 16 | 检查作业 – 空调系统<br>– 在发动机运转条件下，打开鼓风机，按下 AC 开关，检查指示灯的工作情况 | |
| 17 | 检查作业 – 空调系统<br>– 检查鼓风机的风速调节和通风装置的风向切换功能 | |
| 18 | 检查作业 – 冷却系统<br>– 在空调制冷条件下，检查冷却风扇是否运转，检查完毕后熄火 | |
| 19 | 检查作业 – 自动变速器<br>– 检查自动变速器换档锁止控制功能和 P 位解锁及锁止功能是否正常 | |
| 20 | 检查作业 – 自动变速器<br>– 检查自动变速器档位指示灯的工作情况，检查完毕后将变速杆置于 N 位 | |
| 21 | 检查作业 – 制动系统<br>– 检查驻车制动指示灯的工作情况，检查完毕后释放驻车制动 | |
| 22 | 拆装作业 – 润滑系统<br>– 拆下机油加注口盖 | |
| **举升位置 2（升起举升机至合适高度）** | | |
| 23 | 检查作业 – 润滑系统<br>– 检查发动机各部有无漏油 | |
| 24 | 检查作业 – 自动变速器<br>– 检查自动变速器及其冷却系统的安装情况及有无泄漏 | |
| 25 | 拆装作业 – 润滑系统<br>– 拆下发动机放油螺塞，排放机油 | |
| 26 | 检查作业 – 冷却系统<br>– 目视检查散热器有无泄漏、变形等 | |
| 27 | 检查作业 – 空调系统<br>– 目视检查冷凝器有无脏污、变形及泄漏等 | |
| 28 | 检查作业 – 排气系统<br>– 检查三元催化器、排气管、消声器的安装、损伤情况及有无漏气 | |
| 29 | 检查作业 – 燃油系统<br>– 检查燃油管路和燃油蒸发管路的安装、连接、损伤情况及有无漏油 | |

（续）

| 序号 | 作业类型 + 作业对象 + 作业内容 | 说明 |
|---|---|---|
| 30 | 检查作业 – 制动系统<br>– 检查制动管路的安装、连接、损伤情况及有无漏油，制动软管有无老化 | |
| 31 | 拆装作业 – 润滑系统<br>– 记录机油型号和级别，安装发动机放油螺塞 | |
| 32 | 拆装作业 – 润滑系统<br>– 更换新的机油滤清器 | |
| | **举升位置 3（落下举升机至车轮接地）** | |
| 33 | 作业准备 – 安全防护<br>– 重新安装车轮挡块 | |
| 34 | 拆装作业 – 润滑系统<br>– 加注新的机油，并记录换油信息 | |
| 35 | 拆装作业 – 进气系统<br>– 拆下空气滤清器盖，更换空气滤清器滤芯 | |
| 36 | 检测作业 – 制动系统<br>– 检测并记录制动踏板行程 | |
| 37 | 检查作业 – 润滑系统<br>– 起动发动机后及时观察机油滤清器有无泄漏 | |
| 38 | 检查作业 – 制动系统<br>– 在起动发动机的同时检查制动助力器的助力功能 | |
| 39 | 检查作业 – 电器<br>– 检查前风窗玻璃洗涤器的喷射力和喷射位置 | |
| 40 | 检查作业 – 电器<br>– 检查前风窗玻璃刮水器的刮拭情况，检查完毕后熄火 | |
| 41 | 检查作业 – 转向系统<br>– 检查转向轴的伸缩、转向柱的倾斜及其锁止情况 | |
| | **举升位置 4（升起举升机至合适高度）** | |
| 42 | 检查作业 – 制动系统<br>– 目视检查前两轮制动衬片（内外）和制动盘表面（仅外侧）的磨损情况 | |
| 43 | 检查作业 – 润滑系统<br>– 检查发动机放油螺塞和机油滤清器有无泄漏 | |
| 44 | 检查作业 – 冷却系统<br>– 目视检查冷却液有无泄漏 | |
| | **举升位置 5（落下举升机至最低位置）** | |
| 45 | 作业准备 – 全防护<br>– 重新安装车轮挡块 | |

（续）

| 序号 | 作业类型 + 作业对象 + 作业内容 | 说明 |
|---|---|---|
| 46 | 检查作业 – 制动系统<br>– 施加驻车制动 | |
| 47 | 作业准备 – 发动机<br>– 起动尾气分析仪（预热） | |
| 48 | 作业准备 – 空调系统<br>– 连接空调诊断仪 | |
| 49 | 检测作业 – 空调系统<br>– 检测并记录空调系统的压力和温度，判断空调的制冷性能。检测完毕后关闭空调 | |
| 50 | 检测作业 – 发动机<br>– 检测并记录发动机怠速时的尾气排放值，判断排放性能 | |
| 51 | 整理作业 – 空调系统<br>– 拆下空调诊断仪并归位 | |
| 52 | 检测作业 – 空调系统<br>– 检查高、低压接口是否存在制冷剂泄漏 | |
| 53 | 检查作业 – 润滑系统<br>– 重新检查机油液位（必要时调整），记录机油加注量 | |
| 54 | 整理作业 – 安全防护<br>– 拆卸翼子板布和前格栅布 | |
| 55 | 整理作业 – 安全防护<br>– 拆卸座椅套、地板垫、转向盘套 | |
| 56 | 整理作业 – 工量具、设备、场地<br>– 关闭尾气分析仪 | |
| 57 | 整理作业 – 工量具、设备、场地<br>– 清洁整理工量具、设备、场地 | |

注：选手在本作业表上仅填写选手号，所有数据和异常情况都需要记录在记录单上。

# 附录 C 2018 年定期维护作业记录单

## 上海通用汽车特约售后服务中心维修工单

选手比赛号：　　　　工位号：

| 维修工单号 | 开单日期 | 牌照号 | 车辆识别号 | 发动机号 | 品牌 | 车型 | 行驶里程数 | 保修起始日期 | 保修起始里程 | 车辆颜色 |
|---|---|---|---|---|---|---|---|---|---|---|
| 车主 |  |  |  |  | 别克 | 威朗 | 送修人 | 电话 | 手机 | 业务接待 |
|  |  | 邮编 | 地址 |  |  |  |  |  |  |  |

| 序号 | 异常情况记录 | 维修措施 | 标准工时 | 附加工时 | 工时费 | 技师 | 故障代码 | 投诉代码 | 索赔标志 |
|---|---|---|---|---|---|---|---|---|---|
| 1 |  | □更换 □修理 □调整 |  |  |  |  |  |  |  |
| 2 |  | □更换 □修理 □调整 |  |  |  |  |  |  |  |
| 3 |  | □更换 □修理 □调整 |  |  |  |  |  |  |  |
| 4 |  | □更换 □修理 □调整 |  |  |  |  |  |  |  |
| 5 |  | □更换 □修理 □调整 |  |  |  |  |  |  |  |
| 6 |  | □更换 □修理 □调整 |  |  |  |  |  |  |  |
| 7 |  | □更换 □修理 □调整 |  |  |  |  |  |  |  |
| 8 |  | □更换 □修理 □调整 |  |  |  |  |  |  |  |
| 9 |  | □更换 □修理 □调整 |  |  |  |  |  |  |  |

车辆损毁标记（BODY DAMAGE MARK）

燃油（FUEL） E — 1/2 — F

旧件是否保留？ 是□ 否□　　是否洗车？ 是□ 否□

其他费用

预计金额　　责任技师　　业务接待　　质检签名　　预计交车时间

车内无贵重物品

客户签名

入厂　　初期

| 维修历史 | 序号 | 工单号 | 开单日期 | 工单类型 | 维修类型 | 里程数数量 |
|---|---|---|---|---|---|---|

特约售后服务中心名称：　　　　地址：　　　　电话：

注：选手只须填写选手号、车辆识别号、异常情况记录和维修措施。

# 2018 年定期维护记录单

## 1. 测量参数记录

| 序号 | 项目名称 | 参数记录 | 系统状态判断 | 维修措施 |
|---|---|---|---|---|
| 1 | 蓄电池电压（静态） | | □正常 □不正常 | □更换 □修理 □调整 |
| 2 | 制冷剂纯度 | | □正常 □不正常 | □更换 □修理 □调整 |
| 3 | 制动踏板行程 | | □正常 □不正常 | □更换 □修理 □调整 |

## 2. 发动机换油记录

本次换油里程：_____　　换油日期：_____年_____月_____日
机油型号与级别：_____　　实际加注量：_____
标准加注量：_____　　下次换油里程：_____

## 3. 尾气排放测量（怠速）记录

| 项目 | | CO (%) | HC ($10^{-6}$) |
|---|---|---|---|
| 测量值 | 最高 | | |
| | 最低 | | |
| | 平均 | | |
| 判定结果 | | □合格 □不合格 | □合格 □不合格 |
| 总评 | | □合格 □不合格 | |

## 4. 空调系统性能测试

根据吸气压力与周围环境温度图表,以及送风温度与周围环境温度图表进行标注。

| 项目名称 | 参数记录 | 项目名称 | 参数记录 |
|---|---|---|---|
| 高压侧压力 | | 低压侧压力 | |
| 冷凝器进口温度 | | 冷凝器出口温度 | |
| 膨胀阀进口温度 | | 蒸发器出口温度 | |
| 环境温度 | | 环境湿度 | |
| 出风口温度 | | 出风口湿度 | |
| 性能检验 | □合格 □不合格 | | |

选手比赛号:_____ 工位号:_____ 裁判员签字:_____

# 附录 D 常见车型定期维护与保养作业周期表

## 德国原装 奥迪 A1 系列

| | A1 1.2L TFSI | A1 1.4L TFSI | A1 1.6L TDI CR | A1 1.6L TDI CR |
|---|---|---|---|---|
| 机油更换周期 | 可变保养周期，15000～30000km/2 年 | | | |
| 维护保养周期 | 30000km/2 年 | | | |
| 空气滤清器 | 90000km 或 6 年 | 90000km 或 6 年 | 90000km 或 6 年 | 90000km 或 6 年 |
| 火花塞 | 60000km 或 6 年 | 60000km 或 6 年 | 60000km 或 4 年 | 60000km 或 4 年 |
| 燃油滤清器 | 终身免更换 | 终身免更换 | | |
| 正时驱动链 | 终身免更换 | 终身免更换 | | |
| 正时驱动同步带 | | | 210000km | 210000km |
| 制动液 | 首次更换在三年后（视市场而定），之后每年一次 | | | |
| 粉尘及花粉过滤器 | 30000km/2 年 | | | |

## 一汽大众 奥迪 A4 系列

| 保养项目 | A4 1.8L TFSI | A4 3.2L FSI | A4 2.7L TDI | A4 3.0L TDI | A4 2.0L 共轨 |
|---|---|---|---|---|---|
| 更换机油 | 可变，15000～30000km/2 年 | | | | |
| 常规检测 | 30000km/3、5、7、9 年 | | | | |
| 花粉过滤器 | 30000km/2 年 | | | | |
| 空气滤清器 | 90000km/6 年 | 90000km/6 年 | 60000km/6 年 | 60000km/6 年 | 60000km/6 年 |
| 火花塞 | 90000km/6 年 | 90000km/6 年 | | | |
| 燃油滤清器 | | | 60000km | 60000km | 60000km |
| Multitronic ATF 更换 | 60000km | | 60000km | | |
| 链条/同步带 | 链条，终生不必更换 | | | | |
| 制动液 | 三年后进行第一次更换（根据市场），然后每两年更换一次（与定期检查和废气排放检测一致） | | | | |
| | | | | | 同步带 180000km |

## 一汽大众 奥迪 A6L 系列

| 保养项目 | A6L 2.0L TFSI | A6L 2.4L FSI | A6L 2.7L TDI | A6L 2.8L FSI | A6L 3.0L TFSI |
|---|---|---|---|---|---|
| 机油更换间隔 | 可变，15000~30000km/2 年 | | | | |
| 保养间隔，固定 | 30000km/2 年 | 30000km/2 年 | 30000km/2 年 | 30000km/2 年 | 30000km/2 年 |
| 空气滤芯更换间隔 | | | 30000km/2 年 | | |
| 花粉过滤器 | | | 30000km/2 年 | | |
| 制动液 | | 三年后首次更换（具体取决于各个市场），随后每两年更换一次 | | | |
| 火花塞 | 30000km/2 年 | 30000km/2 年 | 30000km/2 年 | 30000km/2 年 | 30000km/2 年 |
| 发动机传动带 | | | 50000km/6 年 | | |
| 蓄电池 | 30000km/2 年 | 30000km/2 年 | 30000km/2 年 | 30000km/2 年 | 30000km/2 年 |
| 更换变速器油<br>无级变速器<br>手动变速器 | 60000km<br>终生免维护 | 60000km | 60000km | 60000km | 60000km |

## 德国原装 奥迪 A7 系列

| 保养项目 | A7 Sportback 2.8L FSI | A7 Sportback 3.0L TFSI | A7 Sportback 3.0L TDI |
|---|---|---|---|
| 机油更换间隔，固定 | 30000km/2 年 | 可变，15000km/1 年～30000km/2 年（具体取决于各个市场） | 30000km/2 年 |
| 灰尘和花粉过滤器 | 30000km/2 年 | 30000km/2 年 | 30000km/2 年 |
| 制动液 | 三年后首次更换（具体取决于各个市场），随后每两年更换一次 | | |
| 空气滤清器 | 90000km | 90000km | 90000km |
| 火花塞 | 90000km | 90000km | — |
| 燃油滤清器 | 终生免更换 | 终生免更换 | 60000km |
| 变速器油 Multitronic | 60000km | 60000km | 60000km |
| 7 档双离合器变速器（AFT） | 60000km | 60000km | 60000km |
| 手动变速器油 | 终生免更换 | 终生免更换 | 终生免更换 |
| 正时链条 | 终生免更换 | 终生免更换 | 终生免更换 |

保养提示：
1. 每 7500km（增压发动机车型每 5000km）：更换机油、机油滤清器，附加清洁空调滤芯。
2. 每 15000km（增压发动机车型每 10000km）：更换三滤、机油，清洗喷油头（非 FSI 发动机车型），更换火花塞（如空气质量、燃油质量较差，须缩短保养里程周期）。
3. 每 30000km 附加保养项目：清洗节气门体及进气道、更换变速器油及滤芯，增压发动机车型更换正时带组件（或每两年），更换发动机，空调传动带组件。
4. 每 60000km 附加保养项目：更换变速器油及滤芯，更换制动器油（仅指非增压、非链条式发动机），更换发动机传动带组件。
5. 每 80000km 附加保养项目：更换正时带组件（仅指非增压、非链条式发动机），更换空调传动带组件，Q7 更换汽油滤芯。
6. 每年春季更换刮水器片，清洗散热器及冷凝器，每半年更换空调滤芯。
7. 每两年更换蓄电池。
8. 每 14 年更换安全气囊系统。

## 一汽丰田卡罗拉 1.6AT、MT 轿车定期保养周期表

保养操作：I = 检查，必要时校正或更换；R = 更换、更改或润滑。

| 保修间隔时间 | | 里程表读数 | | | | | | | | | 月数 |
|---|---|---|---|---|---|---|---|---|---|---|---|
| （里程表读数或月数，以先到者为准） | 1000km | 1 | 10 | 20 | 30 | 40 | 50 | 60 | 70 | 80 | |
| | | 发动机基本部件 | | | | | | | | | |
| 1 | 传动带 | | | I | | I | | I | | I | 24 |
| 2 | 机油<br>（API：SL、SM 或 ILSAC） | 每行驶 5000km 或 6 个月更换一次 | | | | | | | | | |
| 3 | 机油滤清器 | | R | R | R | R | R | R | R | R | 12 |
| 4 | 冷却和加热系统 | | I | I | I | I | I | I | I | I | 24 |
| 5 | 发动机冷却液 | | | | I | I | | | | I | — |
| 6 | 排气管和装配件 | | | I | | I | | I | | I | 12 |
| | | 点火系统 | | | | | | | | | |
| 7 | 火花塞 | 每行驶 100000km 更换一次 | | | | | | | | | |
| 8 | 蓄电池 | | I | I | I | I | I | I | I | I | 12 |
| 9 | 燃油滤清器<br>（包括燃油箱内的滤清器） | | | | | | | | | | R | 96 |
| 10 | 空气滤清器滤芯 | | | I | | R | | | | | | I:24<br>R:48 |
| 11 | 燃油箱盖、燃油管、接头和燃油蒸气控制阀 | | | | | I | | | | I | 24 |
| 12 | 炭罐 | | | | | I | | | | I | 24 |

(续)

| 保修间隔时间（里程表读数或月数，以先到者为准） | 1000km | | | | | | | | | | 月数 |
|---|---|---|---|---|---|---|---|---|---|---|---|
| | 1 | 10 | 20 | 30 | 40 | 50 | 60 | 70 | 80 | | |
| 底盘和车身 | | | | | | | | | | | |
| 13 制动踏板和驻车制动器 | | I | I | I | I | I | I | I | I | | 6 |
| 14 制动衬块和制动盘 | | I | I | I | I | I | I | I | I | | 6 |
| 15 制动液 | | I | I | I | R | I | I | I | R | | 1:6 R:24 |
| 16 离合器油 | | I | I | I | I | I | I | I | I | | 6 |
| 17 制动管和软管 | | I | I | I | I | I | I | I | I | | 12 |
| 18 转向盘、连杆和转向器壳 | | I | I | I | I | I | I | I | I | | 12 |
| 19 悬架球节和防尘罩 | | I | I | I | I | I | I | I | I | | 24 |
| 20 驱动轴套 | | I | I | I | I | I | I | I | I | | 12 |
| 21 手动变速器变速杆（2ZR 发动机） | | | | I | | | | | I | | — |
| 22 自动变速驱动桥液 | | | | | I | | | | I | | 24 |
| 23 手动变速驱动桥（LV API GL—4） | | | | | I | | | | I | | 48 |
| 24 前悬架和后悬架 | | | I | | I | | I | | I | | 24 |
| 25 轮胎和轮胎气压 | | I | I | I | I | I | I | I | I | | 6 |
| 26 车灯、喇叭、刮水器和喷洗器 | | I | I | I | I | I | I | I | I | | 6 |
| 27 空调滤清器 | | | R | | R | | R | | R | | — |
| 28 空调制冷剂量 | | I | I | I | I | I | I | I | I | | 12 |

注：1. 行驶 80000km 或 48 个月后，每行驶 20000km 或 12 个月检查一次。
2. 检查并确认散热器或冷凝器没有被树叶、污垢或昆虫堵塞，必要时进行清洁。同样，检查软管接头的安装情况，是否腐蚀等。
3. 行驶 160000km 后更换，然后每行驶 80000km 更换一次。
4. 仅可使用 "Toyota Super Long Life Coolant"（丰田高级长效冷却液）或类似的优质乙烯乙二醇冷却液（采用长效混合有机酸技术制成且不含硅酸盐、胺、亚硝酸盐及硼酸）。
5. 更换 "Toyota Super Long Life Coolant"（丰田高级长效冷却液）时，无须检查其液位。

# 参 考 文 献

[1] 邱伟明. 汽车使用与日常养护 [M]. 北京：高等教育出版社，2007.
[2] 李春明. 汽车故障诊断方法与维修技术 [M]. 北京：北京理工大学出版社，2009.
[3] 张红伟. 汽车底盘构造及维修 [M]. 北京：高等教育出版社，2005.
[4] 丰田汽车公司. 汽车维修教程 [M]. 北京：高等教育出版社，2006.
[5] 李清明. 汽车发动机故障分析详解 [M]. 北京：机械工业出版社，2007.

# 读者服务

机械工业出版社立足工程科技主业,坚持传播工业技术、工匠技能和工业文化,是集专业出版、教育出版和大众出版于一体的大型综合性科技出版机构。旗下汽车分社面向汽车全产业链提供知识服务,出版服务覆盖包括工程技术人员、研究人员、管理人员等在内的汽车产业从业者,高等院校、职业院校汽车专业师生和广大汽车爱好者、消费者。

## 一、意见反馈

感谢您购买机械工业出版社出版的图书。我们一直致力于"以专业铸就品质,让阅读更有价值",这离不开您的支持!如果您对本书有任何建议或意见,请您反馈给我。我社长期接收汽车技术、交通技术、汽车维修、汽车科普、汽车管理及汽车类、交通类教材方面的稿件,欢迎来电来函咨询。

咨询电话:010-88379353　编辑信箱:cmpzhq@163.com

## 二、课件下载

选用本书作为教材,免费赠送电子课件等教学资源供授课教师使用,请添加客服人员微信手机号"13683016884"咨询详情;亦可在机械工业出版社教育服务网(www.cmpedu.com)注册后免费下载。

## 三、教师服务

机工汽车教师群为您提供教学样书申领、最新教材信息、教材特色介绍、专业教材推荐、出版合作咨询等服务,还可免费收看大咖直播课,参加有奖赠书活动,更有机会获得签名版图书、购书优惠券。

加入方式:搜索QQ群号码317137009,加入机工汽车教师群2群。请您加入时备注院校+专业+姓名。

## 四、购书渠道

机工汽车小编
13683016884

我社出版的图书在京东、当当、淘宝、天猫及全国各大新华书店均有销售。

团购热线:010-88379735

零售热线:010-68326294　88379203

# 推荐阅读

| 书号 | 书名 | 作者 | 定价（元） |
|---|---|---|---|
| 智能网联、新能源汽车专业教材 | | | |
| 9787111678618 | 智能网联汽车技术入门—一本通（全彩印刷） | 程增木 | 69 |
| 9787111715276 | 智能汽车技术（全彩印刷） | 凌永成 | 85 |
| 9787111702696 | 智能网联汽车技术原理与应用（彩色版） | 程增木　杨胜兵 | 65 |
| 9787111628118 | 智能网联汽车技术概论（全彩印刷） | 李妙然　邹德伟 | 49.9 |
| 9787111693284 | 智能网联汽车底盘线控系统装调与检修（附任务工单） | 李东兵　杨连福 | 59.9 |
| 9787111710288 | 智能网联汽车智能传感器安装与调试（全彩活页式教材） | 中国汽车工程学会　等 | 49.9 |
| 9787111712480 | 智能网联汽车底盘线控执行系统安装与调试（全彩印刷） | 中国汽车工程学会　等 | 49.9 |
| 9787111709800 | 智能网联汽车计算平台测试装调（全彩印刷） | 中国汽车工程学会　等 | 49.9 |
| 9787111711711 | 智能网联汽车智能座舱系统测试装调（全彩印刷） | 中国汽车工程学会　等 | 49.9 |
| 9787111710318 | 新能源汽车检测与故障诊断技术（彩色版配实训工单） | 吴海东　等 | 69 |
| 9787111707585 | 新能源汽车电动空调　转向和制动系统检修（彩色版配实训工单） | 王景智　等 | 69 |
| 9787111702931 | 新能源汽车整车控制系统检修（彩色版配实训工单） | 吴东盛　等 | 69 |
| 9787111701637 | 新能源汽车动力电池及管理系统检修（彩色版配实训工单） | 吴海东　等 | 59 |
| 9787111707165 | 新能源汽车技术概论（全彩印刷） | 赵振宁 | 55 |
| 9787111706717 | 纯电动汽车构造原理与检修（全彩印刷） | 赵振宁 | 59 |
| 9787111587590 | 纯电动/混合动力汽车结构原理与检修（配实训工单）（全彩印刷） | 金希计　吴荣辉 | 59.9 |
| 9787111709565 | 新能源汽车维护与故障诊断（配实训工单）（全彩印刷） | 林康　吴荣辉 | 59 |
| 9787111700524 | 新能源汽车整车控制系统诊断（双色印刷） | 赵振宁 | 55 |
| 9787111699545 | 智能网联汽车概论（全彩印刷） | 吴荣辉　吴论生 | 59.9 |
| 9787111698081 | 新能源汽车结构原理与检修（全彩印刷） | 吴荣辉 | 65 |
| 9787111683056 | 新能源汽车认知与应用（第2版）（全彩印刷） | 吴荣辉　李颖 | 55 |
| 9787111615767 | 新能源汽车概论（全彩印刷） | 张斌　蔡春华 | 49 |
| 9787111644385 | 新能源汽车电力电子技术（全彩印刷） | 冯津　钟永刚 | 49 |
| 9787111684428 | 新能源汽车高压安全与防护（全彩印刷） | 吴荣辉　金朝昆 | 45 |
| 9787111610175 | 新能源汽车动力电池及充电系统检修（全彩印刷） | 许云　赵良红 | 55 |
| 9787111613183 | 新能源汽车电机驱动系统检修（全彩印刷） | 王毅　巩航军 | 49 |
| 9787111613206 | 新能源汽车辅助系统检修（全彩印刷） | 任春晖　李颖 | 45 |
| 9787111646242 | 新能源汽车维护与故障诊断（全彩印刷） | 王强　等 | 55 |
| 9787111670469 | 新能源汽车结构原理与检修（彩色版） | 康杰　等 | 55 |

（续）

| 书号 | 书名 | 作者 | 定价（元） |
|---|---|---|---|
| 9787111448389 | 电动汽车动力电池管理系统原理与检修 | 朱升高 等 | 59.9 |
| 9787111675372 | 新能源汽车动力蓄电池与驱动电机系统结构原理及检修 | 周旭 石未华 | 49.9 |
| 9787111672999 | 电动汽车结构原理与故障诊断（第2版）（配实训工作手册） | 陈黎明 冯亚朋 | 69.9 |
| 9787111623625 | 电动汽车结构原理与维修 | 朱升高 等 | 49 |
| 9787111610717 | 新能源汽车结构与维修（第2版） | 蔡兴旺 康晓清 | 49 |
| 9787111591566 | 电动汽车电机控制与驱动技术 | 严朝勇 | 45 |
| 9787111484868 | 电动汽车动力电池及电源管理（"十二五"职业教育国家规划教材） | 徐艳民 | 35 |
| 9787111660972 | 新能源汽车专业英语 | 宋进桂 徐永亮 | 45 |
| 9787111684862 | 智能网联汽车技术概论（彩色版配视频） | 程增木 康杰 | 55 |
| 9787111674559 | 混合动力汽车结构与检修一体化教程（彩色版）（附赠习题册含工作任务单） | 汤茂银 | 55 |
| | 传统汽车专业教材 | | |
| 9787111678892 | 汽车构造与原理 （彩色版） | 谢伟钢 范盈圻 | 59 |
| 9787111702474 | 汽车销售基础与实务（全彩印刷） | 周瑞丽 冯霞 | 59 |
| 9787111678151 | 汽车网络与新媒体营销（全彩印刷） | 田凤霞 | 59.9 |
| 9787111687085 | 汽车销售实用教程（第2版）（全彩印刷） | 林绪东 葛长兴 | 55 |
| 9787111687351 | 汽车自动变速器原理与诊断维修 （彩色版） | 张月相 张雾琳 | 65 |
| 9787111704225 | 汽车机械基础一体化教程（彩色版配实训工作页） | 广东合赢 | 59 |
| 9787111698098 | 汽车检测与故障诊断一体化教程（彩色版配工作页） | 秦志刚 梁卫强 | 69 |
| 9787111699934 | 汽车舒适与安全系统原理检修一体化教程（配任务工单） | 栾琪文 | 59.9 |
| 9787111711667 | 汽车发动机电控系统结构原理与检修（彩色版配实训工单） | 李先伟 吴荣辉 | 59 |
| 9787111689218 | 汽车底盘电控系统原理与检修一体化教程（彩色版）（附实训工作页） | 杨智勇 金艳秋 翟静 | 69 |
| 9787111676836 | 汽车底盘机械系统构造与检修一体化教程（全彩印刷） | 杨智勇 黄艳玲 李培军 | 59 |
| 9787111699637 | 汽车电气设备结构原理与检修（配实训工单）（全彩印刷） | 管伟雄 吴荣辉 | 69 |
| | 汽车维修必读 | | |
| 9787111715054 | 动画图解汽车构造原理与维修 | 胡欢贵 | 99.9 |
| 9787111708261 | 汽车常见故障诊断与排除速查手册(赠全套352分钟维修微课)（双色印刷） | 邱新生 刘国纯 | 79 |
| 9787111649571 | 新能源汽车维修完全自学手册 | 胡欢贵 | 85 |
| 9787111663546 | 汽车构造原理从入门到精通（彩色图解＋视频） | 于海东 蔡晓兵 | 78 |
| 9787111626367 | 新能源汽车维修从入门到精通（彩色图解＋视频） | 杜慧起 | 89 |
| 9787111661290 | 汽车电工从入门到精通（彩色图解＋视频） | 于海东 蔡晓兵 | 78 |
| 9787111602699 | 汽车维修从入门到精通（彩色图解＋视频）（附赠汽车故障诊断图表手册） | 于海东 | 78 |